GIG BAG SERIES
FOR GUITARISTS

PICTURE
CHORDS

Cover design: Fresh Lemon
Interior design and layout: Len Vogler

Music Sales Corporation
180 Madison Avenue, 24th Floor, New York, NY 10016, USA.
Music Sales Limited
14-15 Berners Street, London W1T 3LJ England
Music Sales Pty. Limited
Units 3-4, 17 Willfox Street, Condell Park, NSW 2200, Australia.

Printed in China

The Chord Diagram

The chords are displayed as diagrams that represent the fingerboard of the guitar. There are six vertical lines representing the six strings of the guitar. Horizontal lines represent the frets. The strings are arranged with the high E (first, or thinnest) string to the right, and the low E (sixth, or thickest) to the left. The black circles indicate at which fret the finger is to be placed and the number tells you which finger to use. At the top of the diagram there is a thick black line indicating the nut of the guitar. Diagrams for chords up the neck just have a fret line at the top with a Roman numeral to the right to identify the first fret of the diagram. Above the chord diagram you will occasionally see X's and O's. An X indicates that the string below it is either not played or damped, an O simply means the string is played as an open string. At the bottom of the diagram are the note names that make up the chord. This information can be helpful when making up lead licks or chord solos. A curved line tells you to bar the strings with the finger shown; that is, lay your finger flat across the indicated strings.

The fingerings in this book might be different from fingerings you have encountered in other chord books. They were chosen for their overall practicality in the majority of situations.

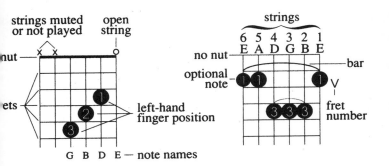

The Photo

The photo to right of each chord diagram shows you what your hand should look like on the guitar fingerboard. You will notice that the finger positions in some of the photos are a little to the right or left of the frame. This is done to show the particular chord form's proximity to either the twelfth fret or the nut of the guitar. This makes it easier to recognize the relative position on the fretboard at a glance.

Although the photos are a visual reference, all of the fingers in a given shot may not be in a proper playing position. We have sometimes moved unused fingers *out of the way*, to give you a better look at where the fretting fingers are placed. For instance, when playing the A♭sus4 shown in the photograph below, your second and third finger should not be tucked under the neck, they would be relaxed and extended upward over the fingerboard. Make sure your fingers are comfortable and that you are capable of moving them easily from one chord position to another.

ALTERNATE CHORD NAMES

This chord encyclopedia uses a standard chordnaming approach, but when playing from sheet music or using other music books, you will find alternative chord names or symbols. Below is a chart by which you can cross reference alternative names and symbols with the ones used in this book.

CHORD SYMBOL	CHORD NAME	ALTERNATE NAME OR SYMBOL
	major	M; Maj
m	minor	m; min; -
6	sixth	major6; Maj6; M6
m6	minor sixth	minor6; m6; min6; -6
6/9	six nine	6(add9); Maj6(add9); M6(add9)
maj7	major seventh	major7; M7; Maj7; Δ7
7	dominant seventh	dominant seventh; dom
7♭5	seventh flat five	7(♭5); 7(-5)
7♯5	seventh sharp five	+7; 7(+5); aug7
m7	minor seventh	minor seven; m7; min7; -7
m(maj7)	minor with a major seventh	minor(major7); m(M7); min(Maj7); major7; m(+7); -(M7); min(addM7)
m7♭5	minor seventh flat five	°7; ½dim; ½dim7; m7(♭5); m7(-5)
°7	diminished seventh	°; dim; dim7
9	ninth	7(add9)
9♭5	ninth flat five	9(♭5); 9(-5)
9♯5	ninth sharp five	+9; 9(+5); aug9
maj9	major ninth	major 9; M9; Δ9; Maj7(add9); M7(add9)
m9	minor ninth	minor9; m9; min9
m11	minor eleventh	minor11; m11; min11
13	thirteenth	7(add13); 7(add6)
maj13	major thirteen	major13; M13; Δ13; Maj7(add13); M7(add13); M7(add6)
m13	minor thirteen	minor13; m13; -13; min7(add13); m7(add13); -7(add13)
sus4	suspended fourth	(sus4)

C

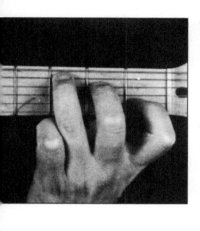

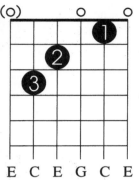

E C E G C E

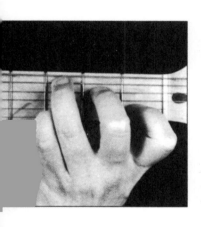

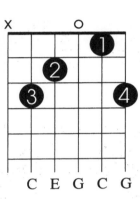

C E G C G

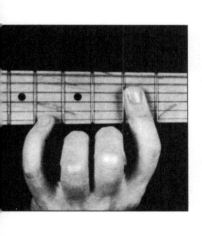

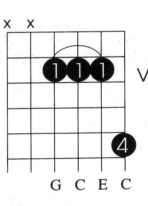

V

G C E C

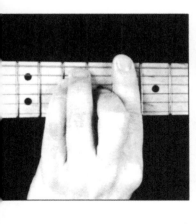

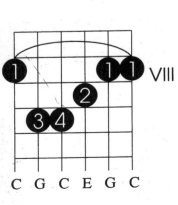

VIII

C G C E G C

C

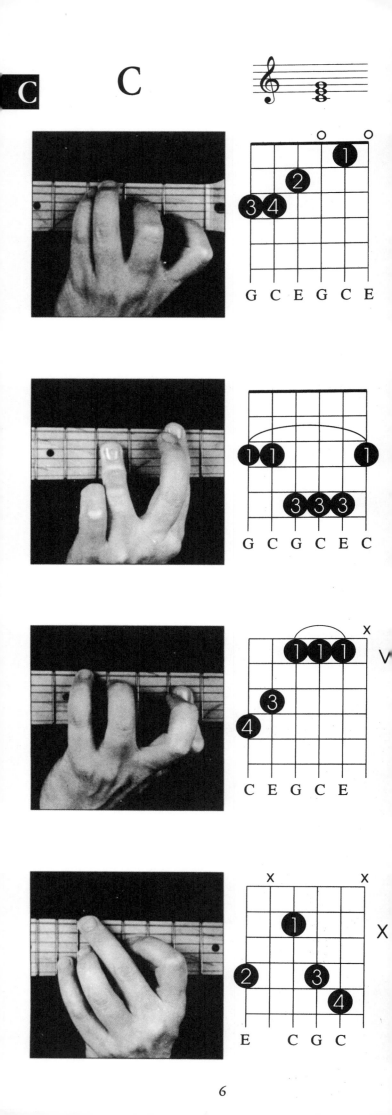

G C E G C E

G C G C E C

C E G C E

E C G C

Csus4

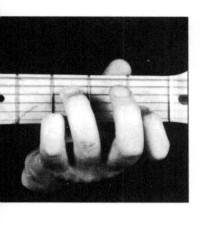
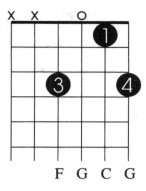

x x o

③   ④

F G C G

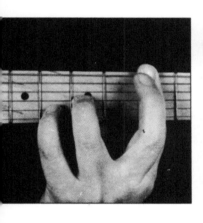
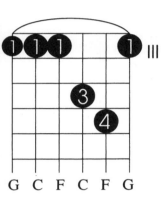

① ① ①   ①   III

③
④

G C F C F G

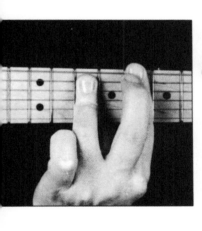
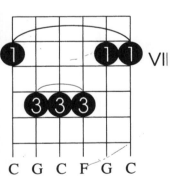

①   ① ①   VII

③ ③ ③

C G C F G C

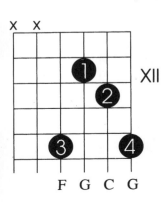

x x

①   XII
②
③   ④

F G C G

7

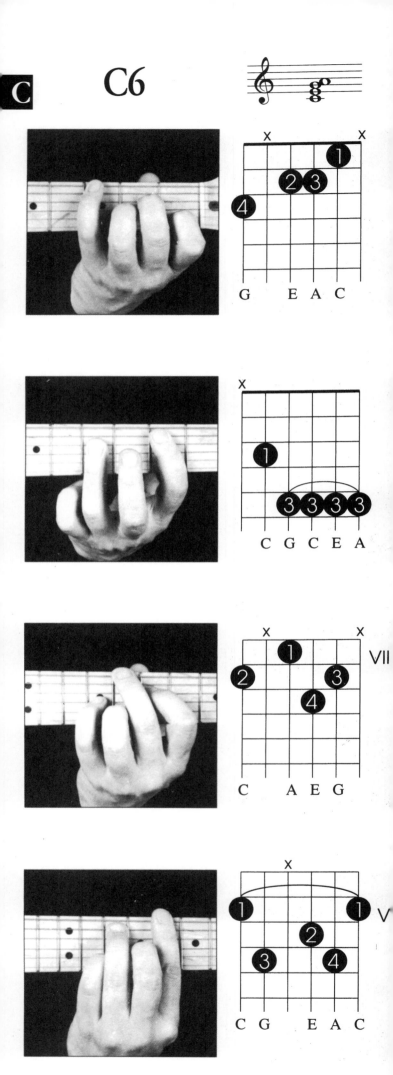

C6

G E A C

C G C E A

C A E G — VII

C G E A C — V

C6/9

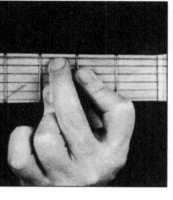

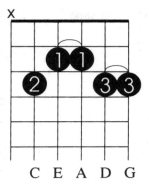

C E A D G

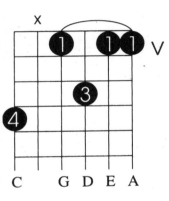

V

C   G D E A

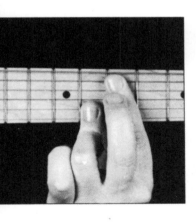

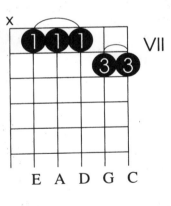

VII

E A D G C

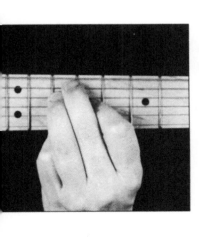

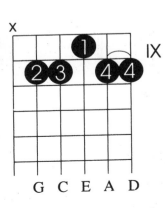

IX

G C E A D

Cmaj7

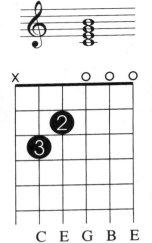

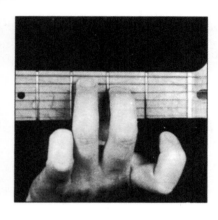

C E G B E

G C G B E G

C E G B — V

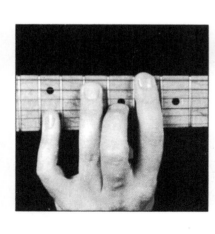

C G E B E — VIII

Cmaj9

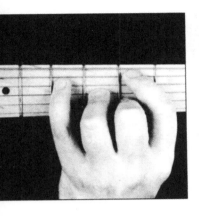
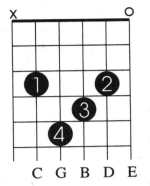

C G B D E

E C D G B
VII

Cmaj13

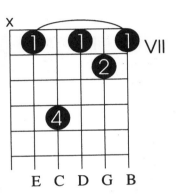

C B E A

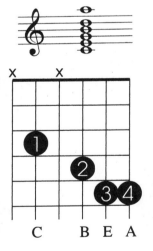

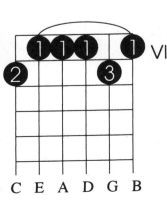

C E A D G B
VII

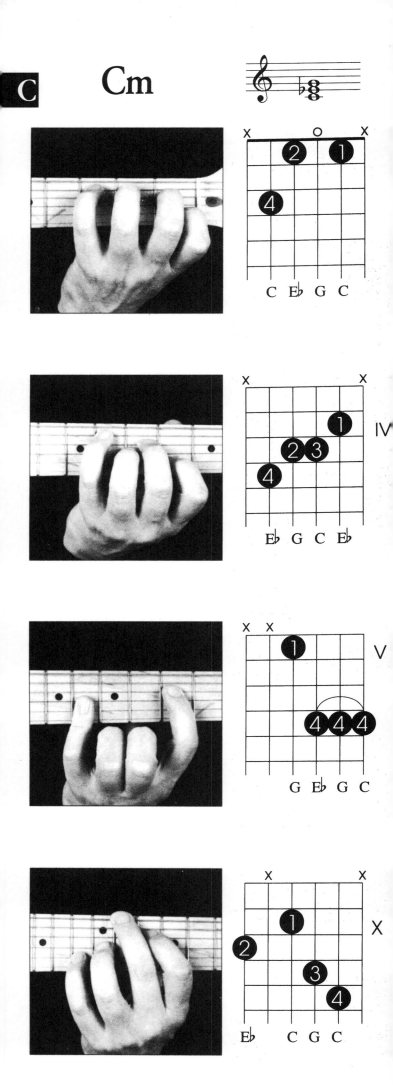

Cm

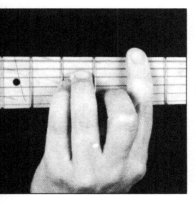

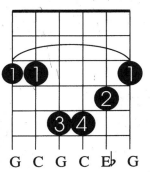

G C G C E♭ G

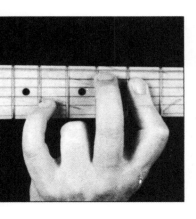

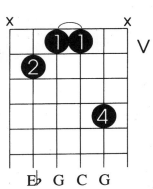

V

E♭ G C G

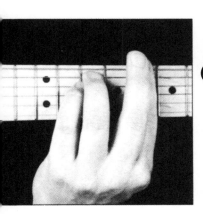

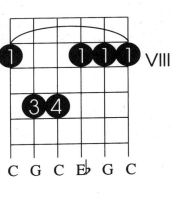

VIII

C G C E♭ G C

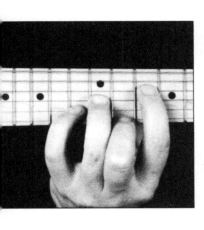

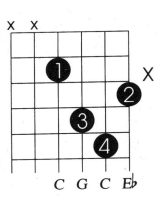

X

C G C E♭

13

Cm6

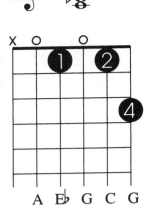

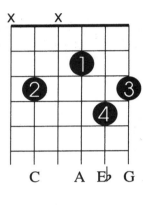

X   O   O

A   E♭   G   C   G

X   X

C   A   E♭   G

X   X

VII

C   A   E♭   G

V

C   G   C   E♭   A   C

Cm7

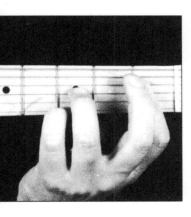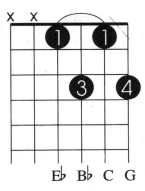

Eb Bb C G

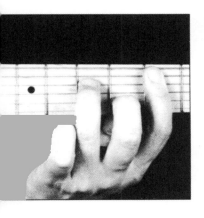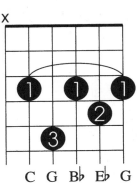

C G Bb Eb G

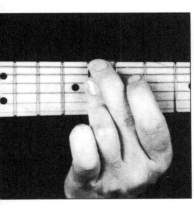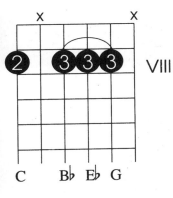

VIII

C Bb Eb G

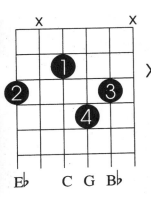

X

Eb C G Bb

C Cm(maj7)

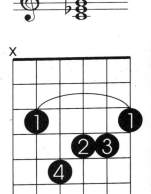

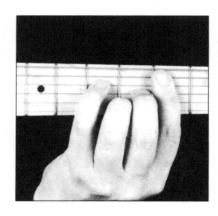

C G B E♭ G

C B E♭ G

Cm9

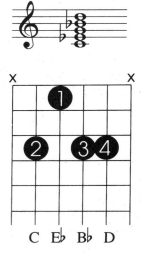

C E♭ B♭ D

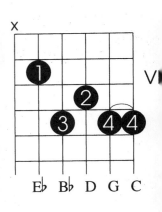

E♭ B♭ D G C

Cm11

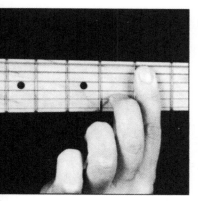

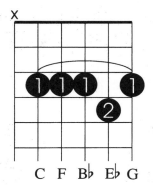

C F Bb Eb G

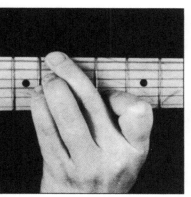

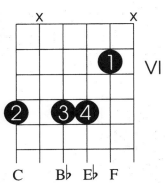

VI

C Bb Eb F

Cm13

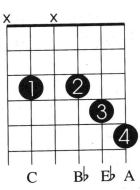

C Bb Eb A

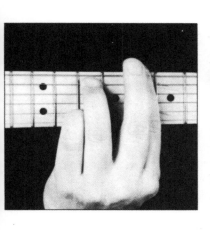

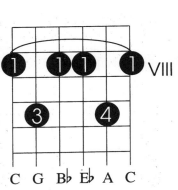

VIII

C G Bb Eb A C

Cm7♭5

X   X

①   ②
  ③ ④

C Gb Bb Eb

X   X

② ③④ ①   VII

C   Bb Eb Gb

C°7

①   ① ① V
 ②
  ③ ④

Bbb Eb A C Gb Bbb

X   X

① ①
②
  ④

C   Bbb Eb Gb

C7

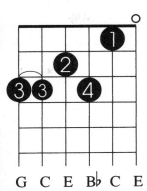

G C E B♭ C E

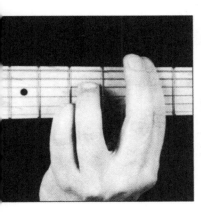

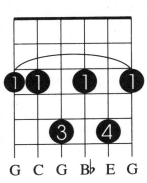

G C G B♭ E G

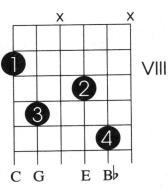

VIII

C G E B♭

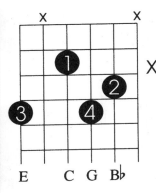

X

E C G B♭

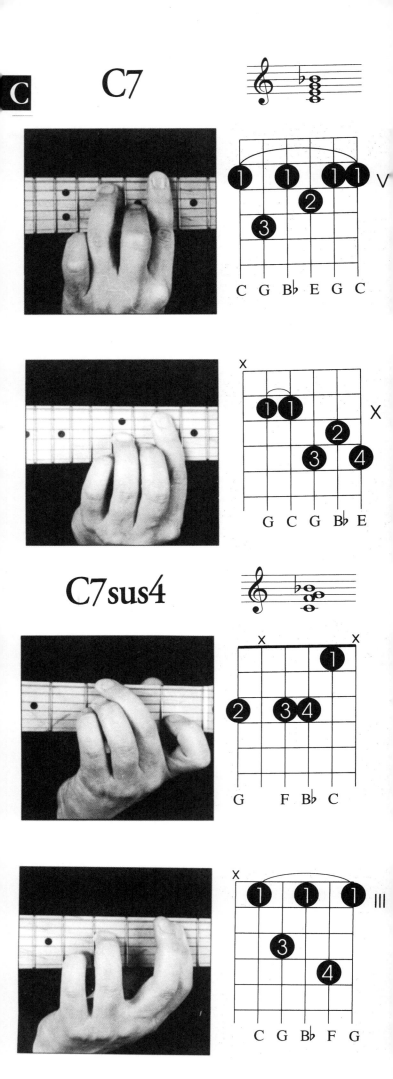

C7♭5

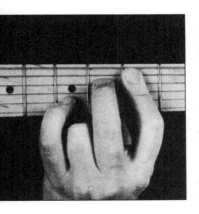
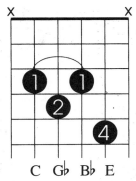

C Gb Bb E

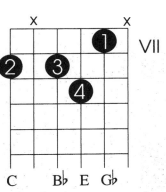

VII

C Bb E Gb

C7♯5

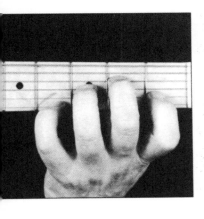
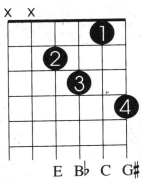

E Bb C G♯

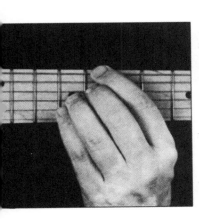
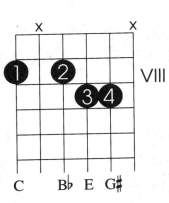

VIII

C Bb E G♯

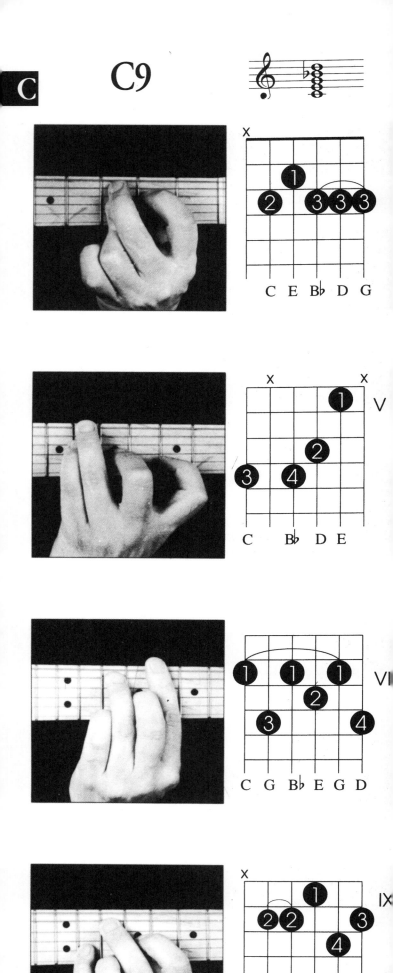

C9sus4

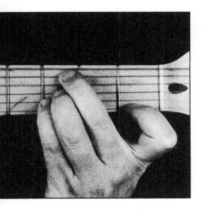

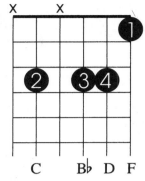

X   X

2

3 4

1

C   Bb   D   F

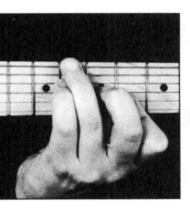

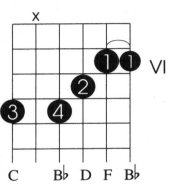

X

1 1

2

3   4

VI

C   Bb   D   F   Bb

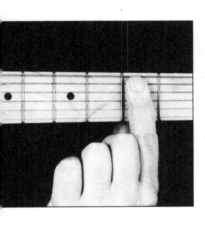

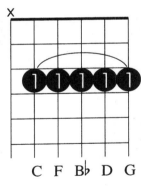

X

1 1 1 1 1

C   F   Bb   D   G

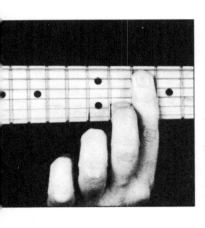

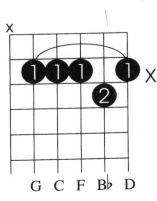

X

1 1 1   1

2

X

G   C   F   Bb   D

23

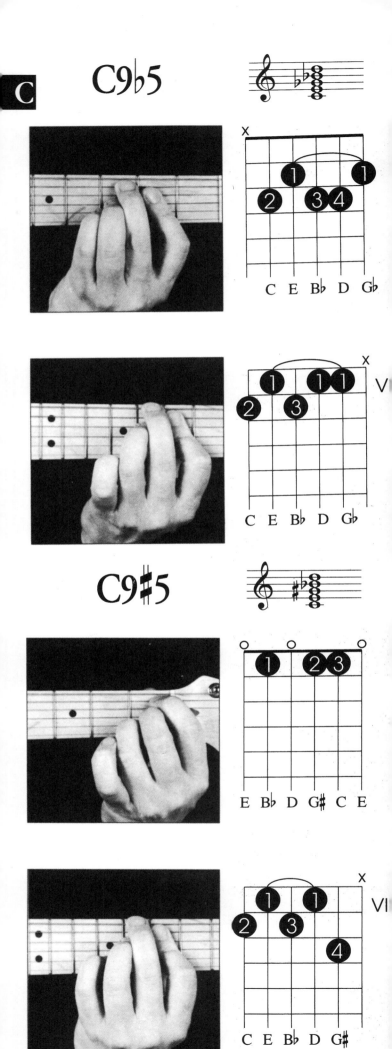

C13

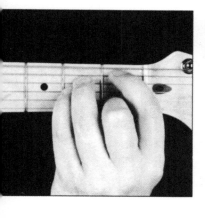
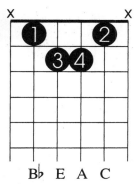

Bb E A C

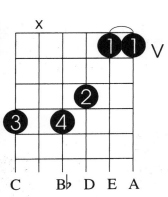

V

C Bb D E A

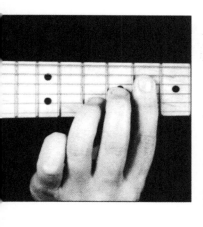
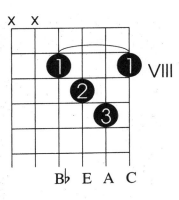

VIII

Bb E A C

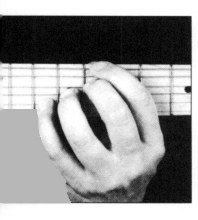
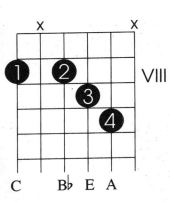

VIII

C Bb E A

C♯

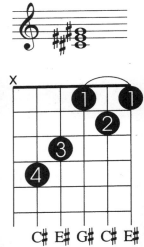

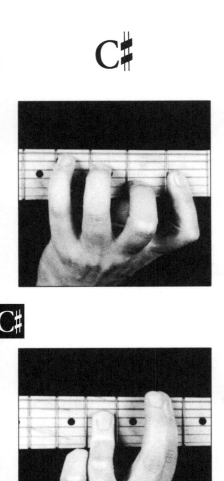

C♯ E♯ G♯ C♯ E♯

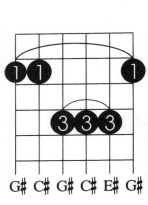

G♯ C♯ G♯ C♯ E♯ G♯

V

G♯ C♯ E♯ C♯

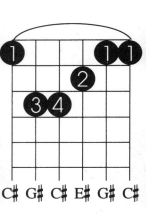

C♯ G♯ C♯ E♯ G♯ C♯

26

C#

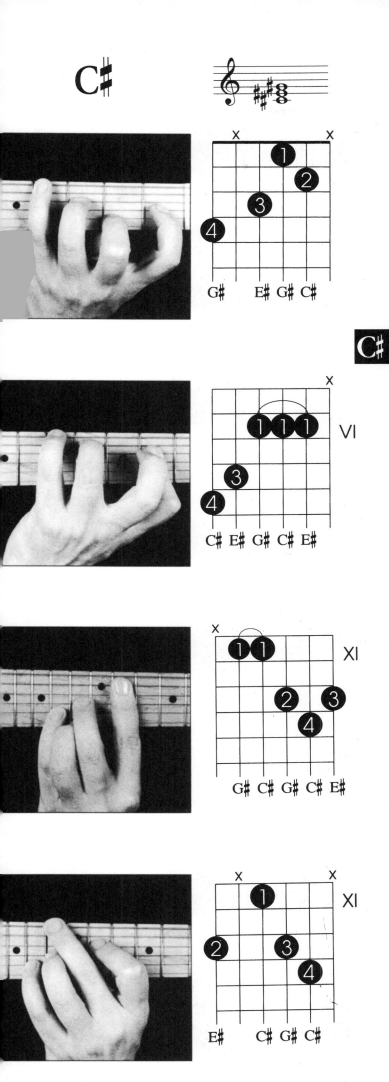

C#sus4

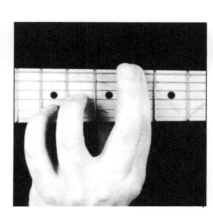

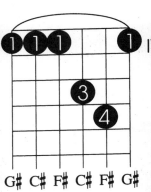

G# C# F# C# F# G#

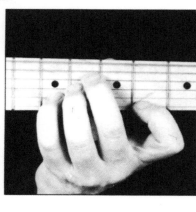

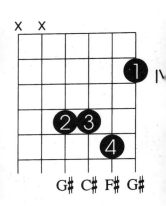

x x

IV

G# C# F# G#

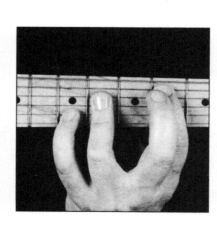

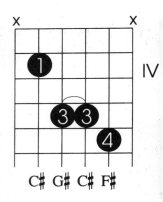

x x

IV

C# G# C# F#

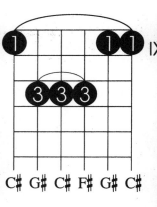

IX

C# G# C# F# G# C#

C#6

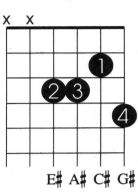

E# A# C# G#

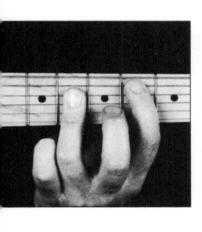

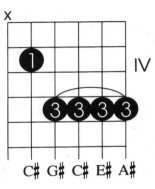

IV

C# G# C# E# A#

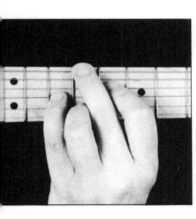

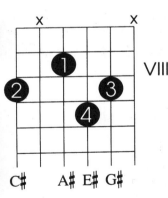

VIII

C#   A# E# G#

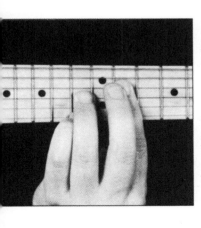

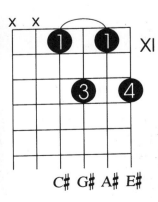

XI

C# G# A# E#

C#6/9

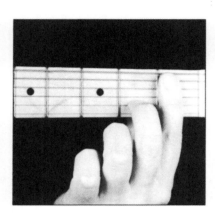

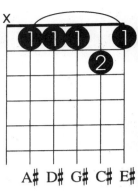

A# D# G# C# E#

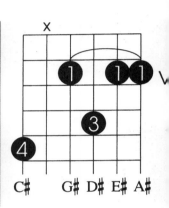

C#　　G# D# E# A#

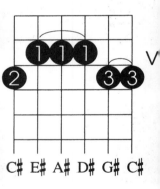

C# E# A# D# G# C#

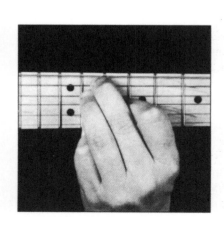

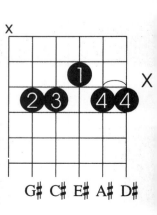

G# C# E# A# D#

C#maj7

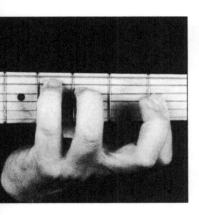

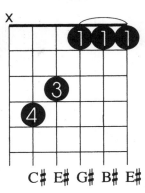

C# E# G# B# E#

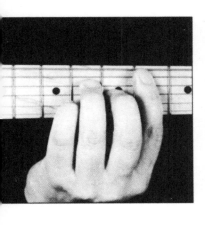

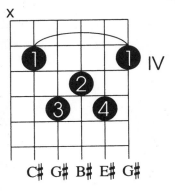

IV

C# G# B# E# G#

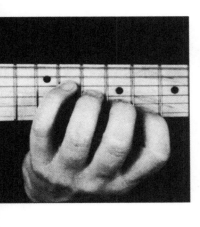

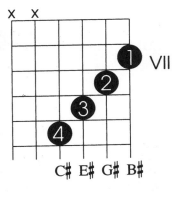

VII

C# E# G# B#

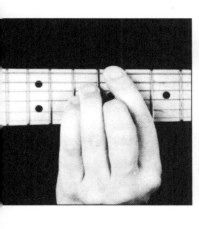

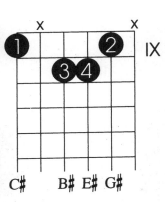

IX

C# B# E# G#

C#maj9

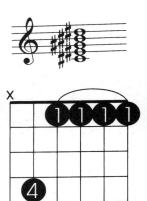

C# D# G# B# E#

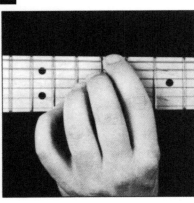

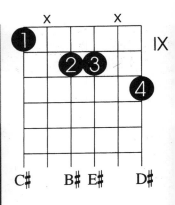

IX

C#   B# E#   D#

C#maj13

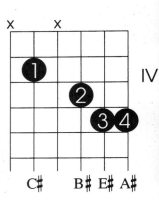

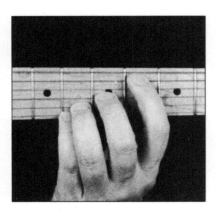

IV

C#   B# E# A#

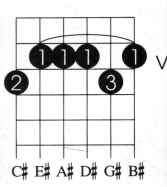

V

C# E# A# D# G# B#

C#m

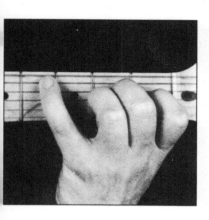

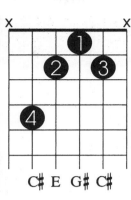

C# E G# C#

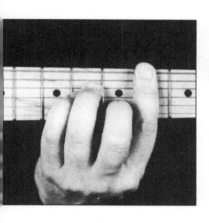

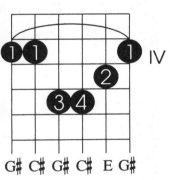

IV

G# C# G# C# E G#

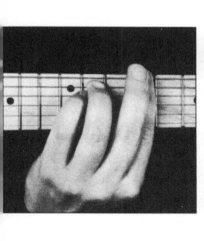

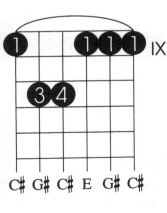

IX

C# G# C# E G# C#

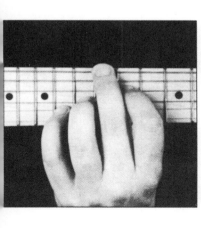

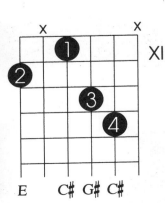

XI

E C# G# C#

C#m

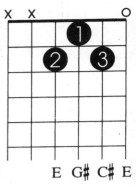

X X   O

E G# C# E

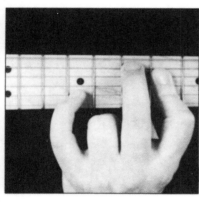

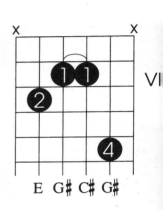

VI

E G# C# G#

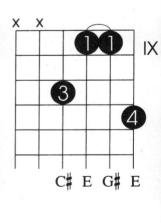

IX

C# E G# E

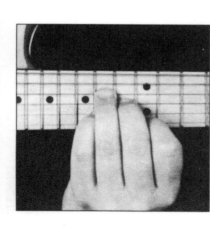

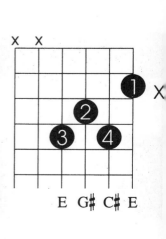

X

E G# C# E

C#m6

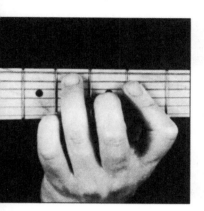

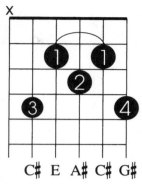

C# E A# C# G#

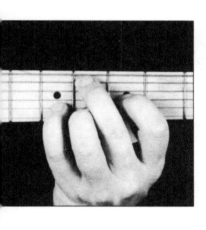

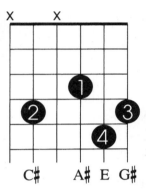

C# A# E G#

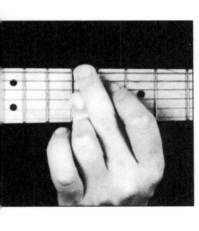

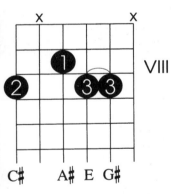

VIII

C# A# E G#

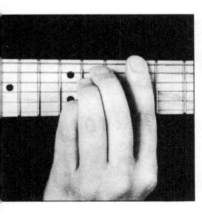

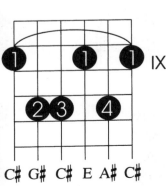

IX

C# G# C# E A# C#

C#m7

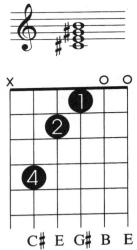

X   O   O

C#   E   G#   B   E

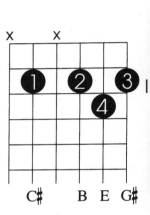

X   X

C#   B   E   G#

 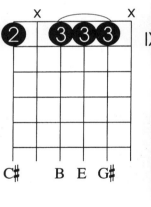

X   X

C#   B   E   G#

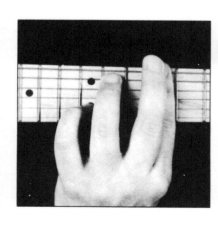 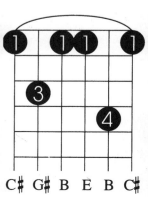

C#   G#   B   E   B   C#

36

C#

C#m9

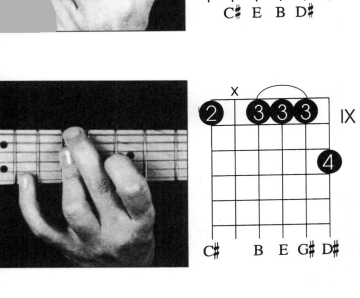

C#m11

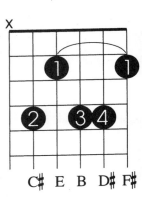

C# E B D# F#

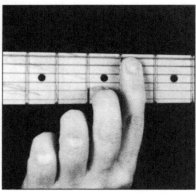

x

IV

C# F# B E G#

C#m13

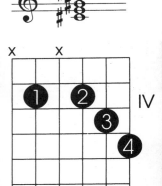

x   x

IV

C#   B E A#

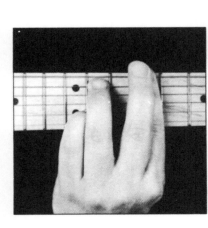

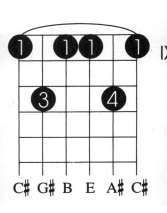

IX

C# G# B E A# C#

C#m7♭5

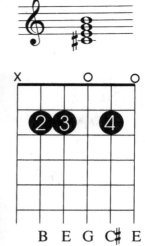

B E G C# E

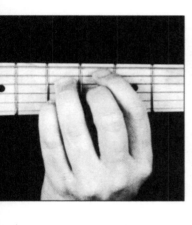

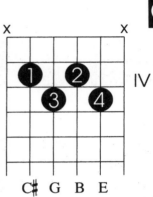

IV

C# G B E

C#°7

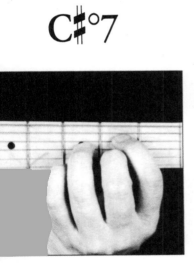

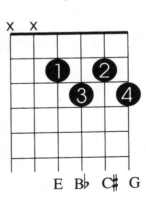

E B♭ C# G

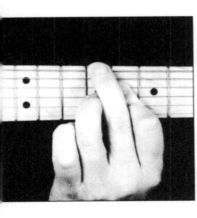

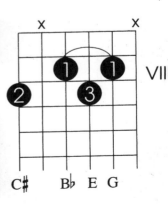

VIII

C# B♭ E G

C#7

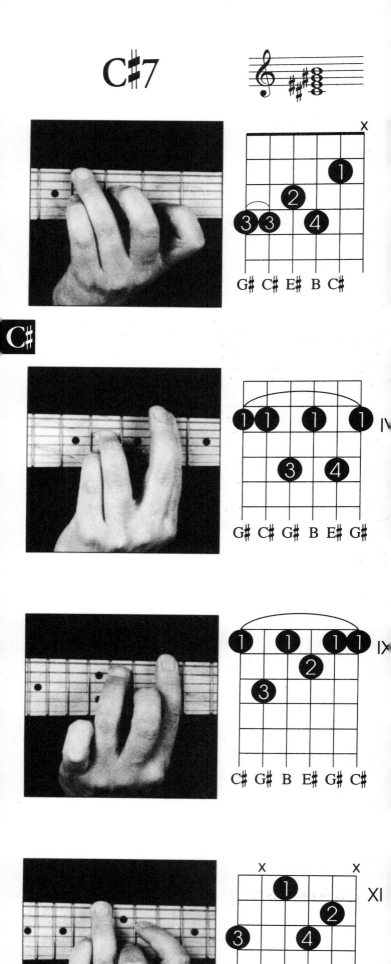

C#7

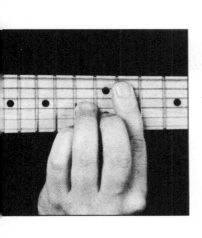
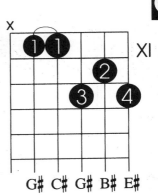

IV

C# G# C# E# B

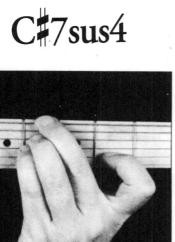

x

XI

G# C# G# B# E#

C#7sus4

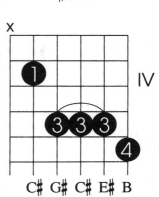

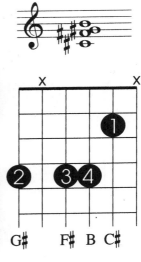

x   x

G#   F# B C#

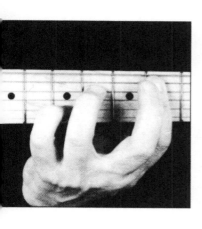

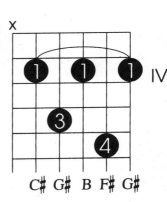

x

IV

C# G# B F# G#

C#7b5

G　E#　B　C#

C#　B　E#　G

VII

C#7#5

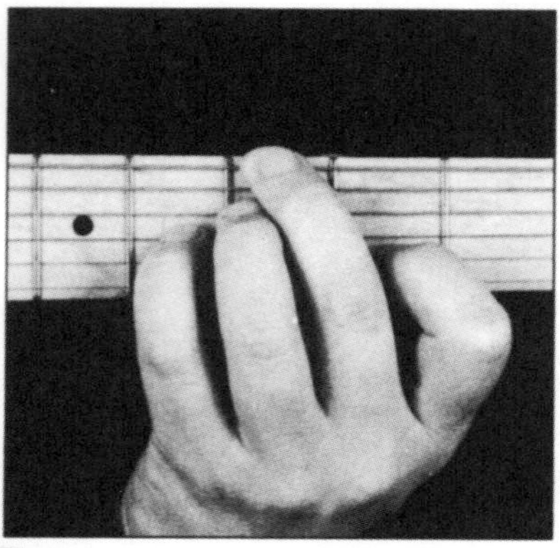

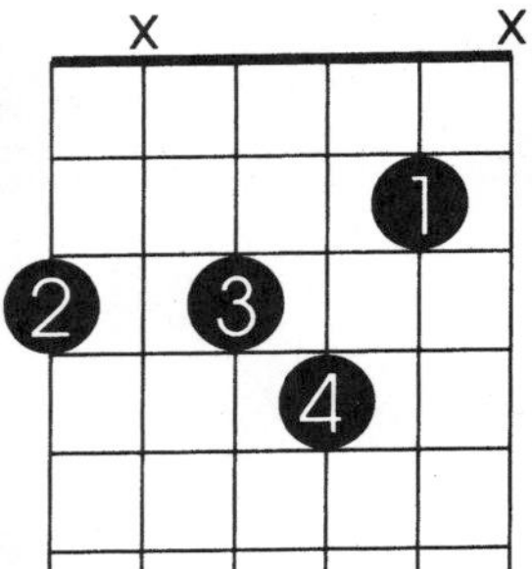

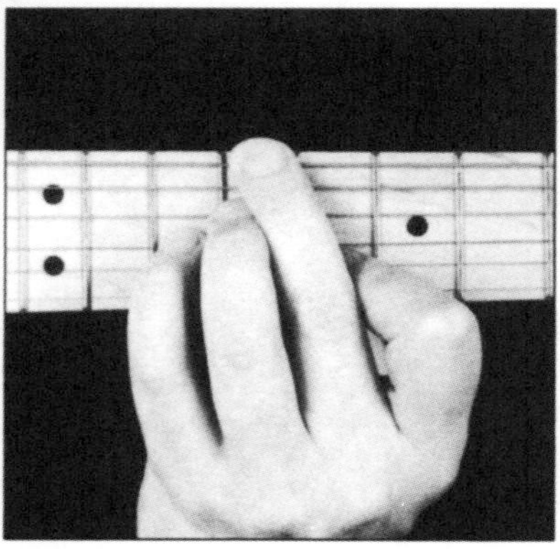

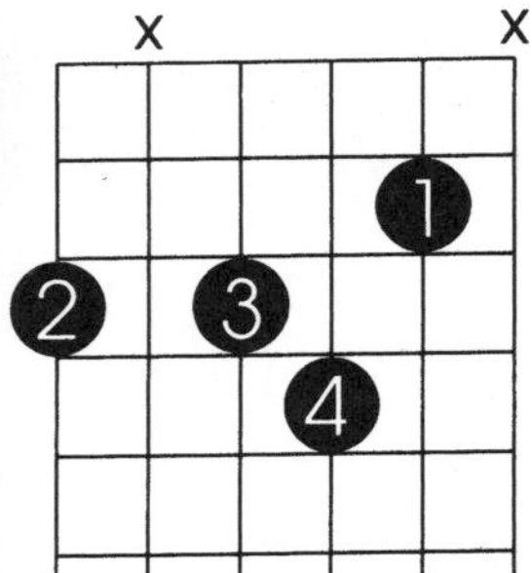

C#　E#　G𝄪　B

C#　B　E#　G𝄪

IX

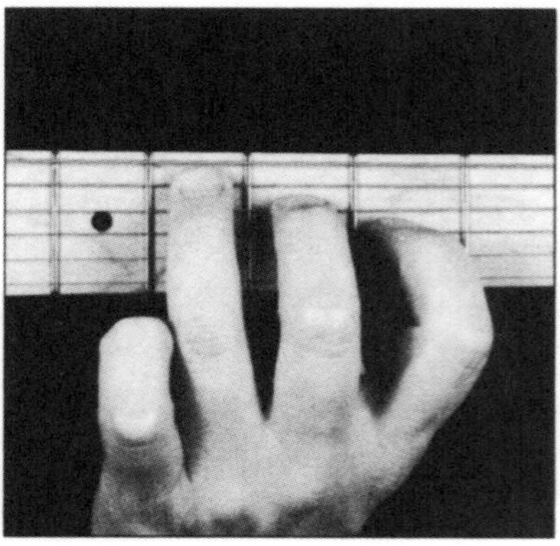

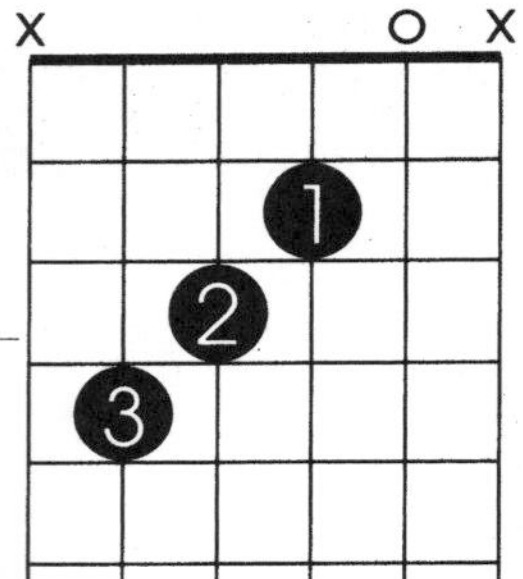

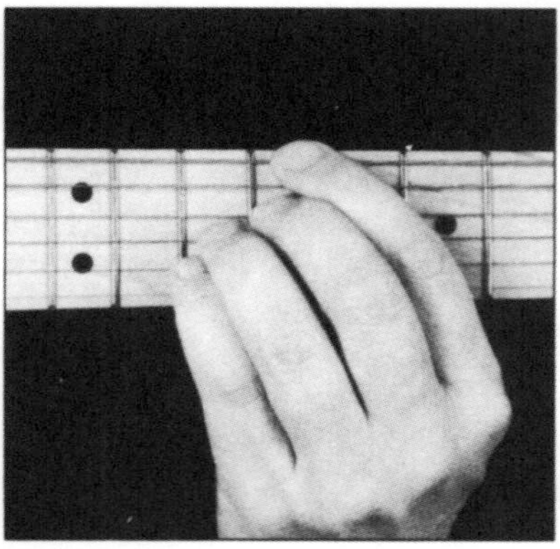

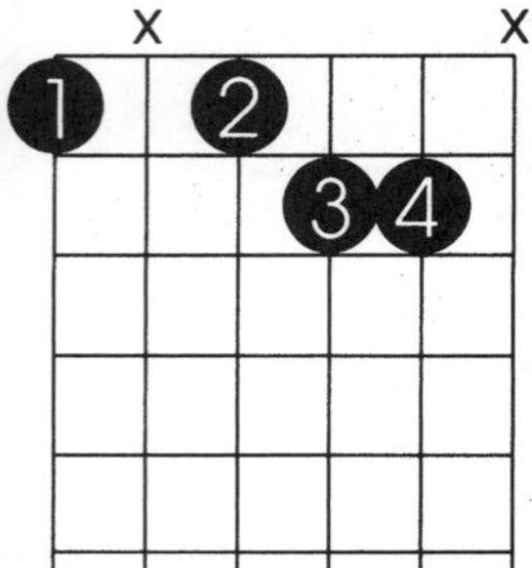

C#9

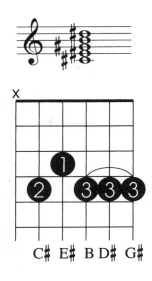

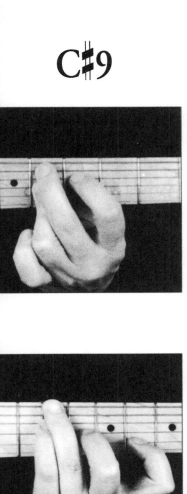

C# E# B D# G#

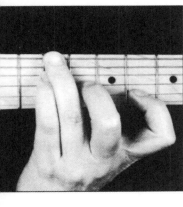
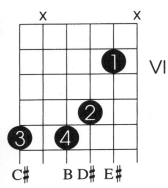

VI

C# B D# E#

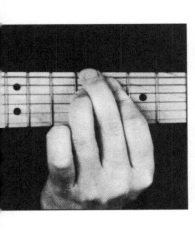
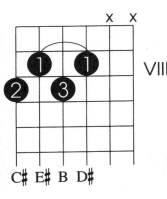

VIII

C# E# B D#

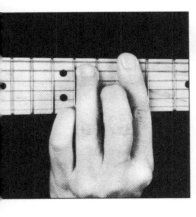
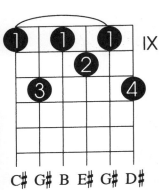

IX

C# G# B E# G# D#

C#9sus4

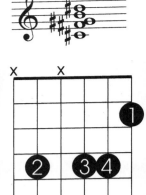

x x
| 1
2 3 4

C# B D# F#

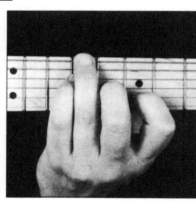

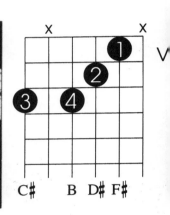

x x
1
2
3 4

C# B D# F#

V

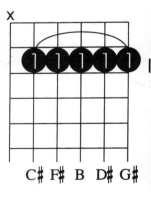

x
1 1 1 1 1

C# F# B D# G#

IV

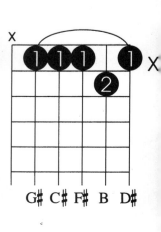

x
1 1 1 1
2

G# C# F# B D#

X

C#9♭5

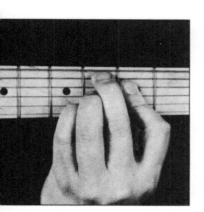

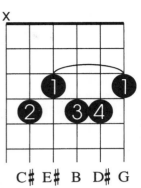

C# E# B D# G

VIII

C# E# B D# G

C#9#5

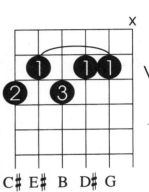

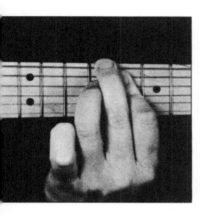

C# E# B D# G×

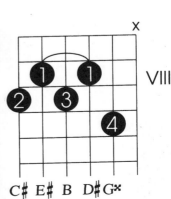

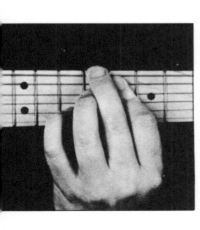

VIII

C# E# B D# G×

C#13

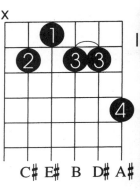

C# E# B D# A#

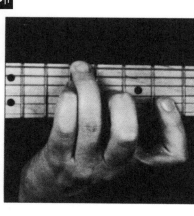
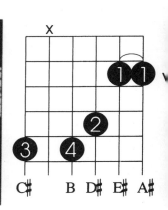

C# B D# E# A#

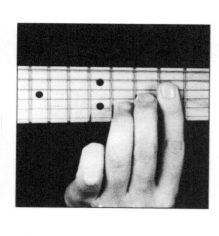
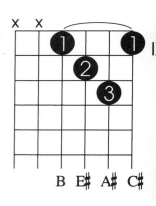

B E# A# C#

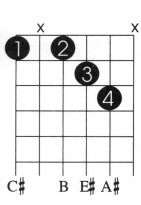

C# B E# A#

D

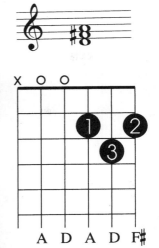

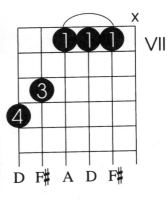

```
X  O  O
    1     2
       3
A  D  A  D  F#
```

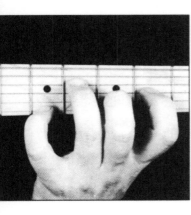

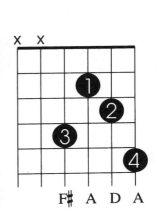

```
X  X
       1
          2
    3
             4
F#  A  D  A
```

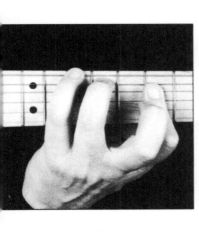

```
            X
1  1  1      VII
    3
4
D  F#  A  D  F#
```

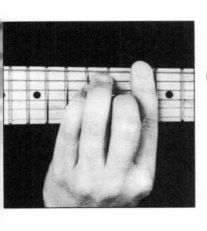

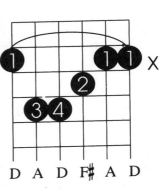

```
1        1  1  X
       2
    3  4
D  A  D  F#  A  D
```

47

D

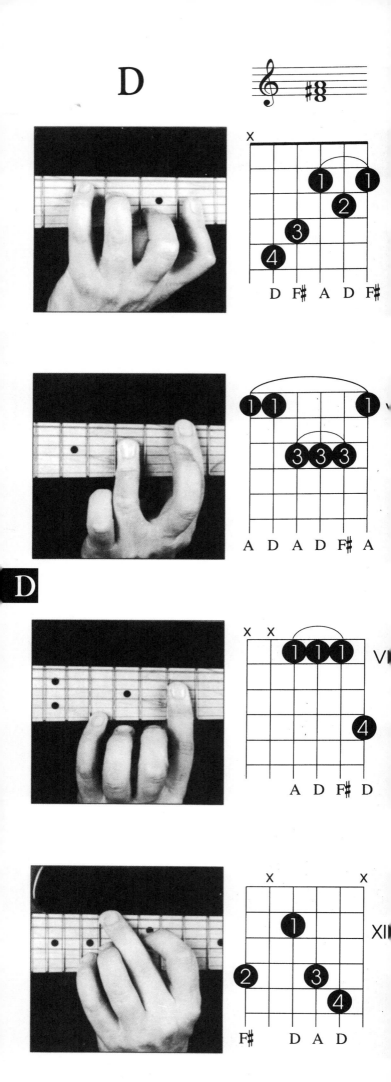

D F# A D F#

A D A D F# A

A D F# D

F# D A D

Dsus4

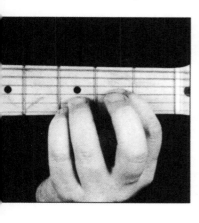

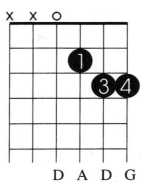

D A D G

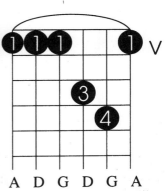

V

A D G D G A

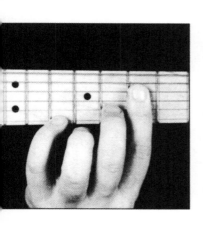

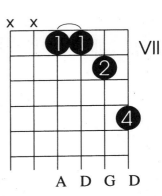

VII

A D G D

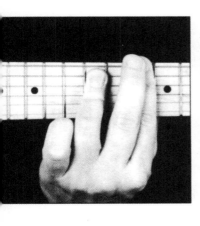

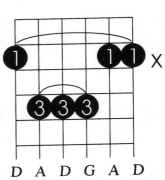

X

D A D G A D

D6

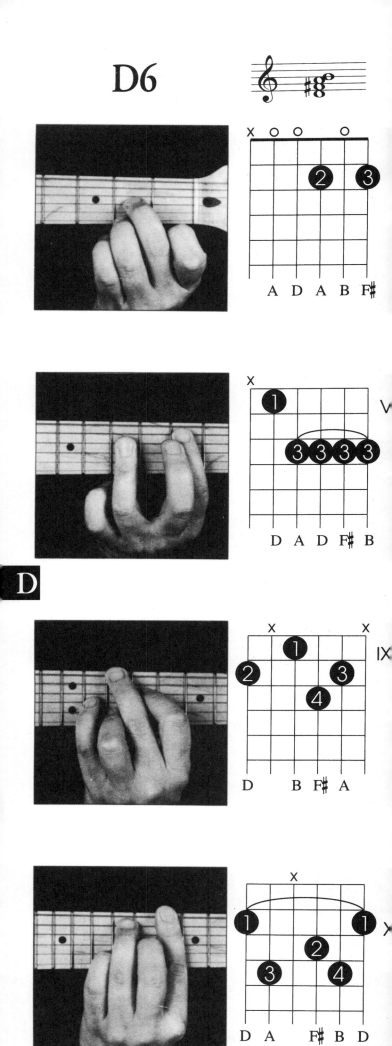

D6/9

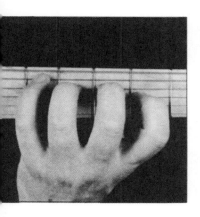

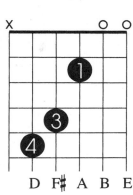

D F♯ A B E

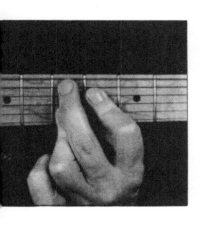

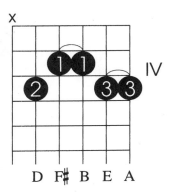

IV

D F♯ B E A

D

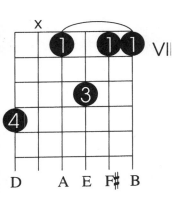

VII

D A E F♯ B

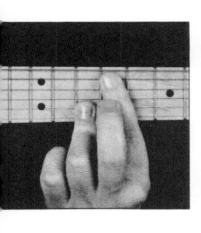

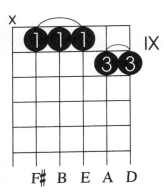

IX

F♯ B E A D

Dmaj7

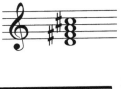

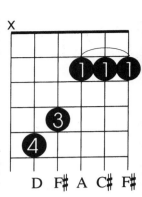

D F# A C# F#

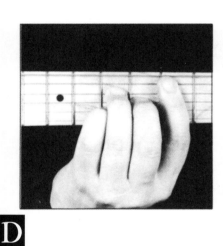

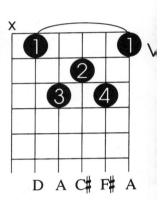

D A C# F# A

D

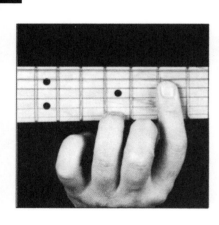

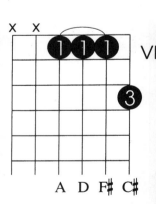

A D F# C#

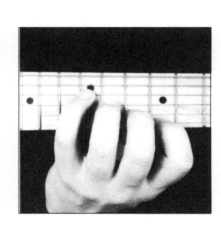

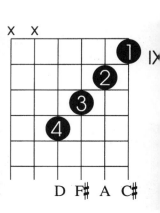

D F# A C#

Dmaj9

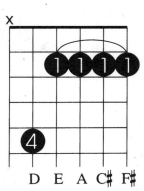

D E A C# F#

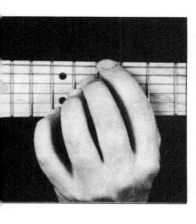

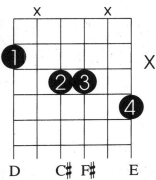

X

D   C# F#   E

Dmaj13

D

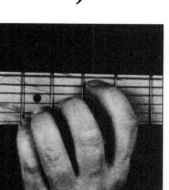

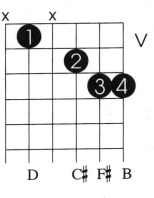

V

D   C# F# B

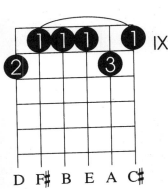

IX

D F# B E A C#

Dm

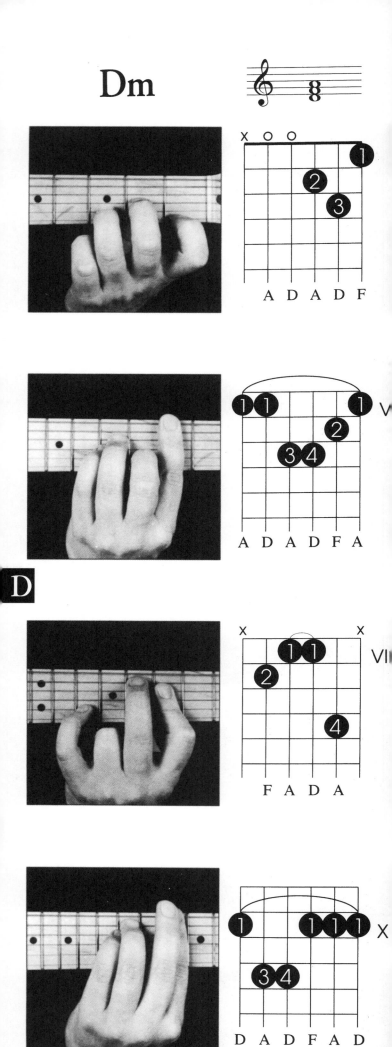

A D A D F

A D A D F A

V

F A D A

VI

D A D F A D

X

54

Dm

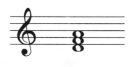

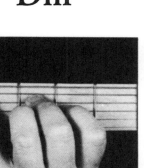

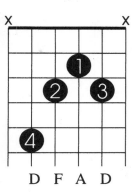

D F A D

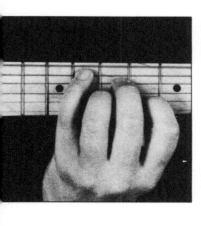

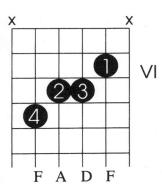

VI

F A D F

D

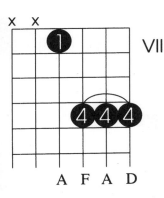

VII

A F A D

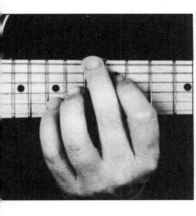

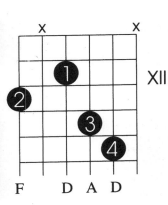

XII

F D A D

Dm6

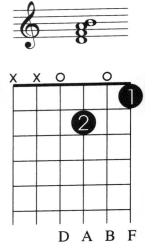

x x o o
1
2
D A B F

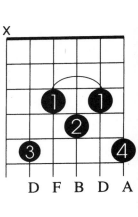

x
1 1
2
3 4
D F B D A

D

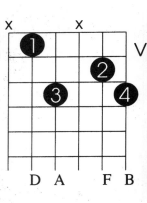

x x
1
2
3 4
V
D A F B

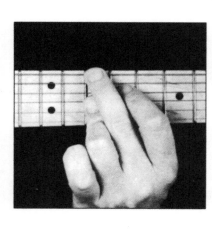

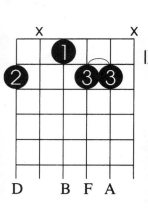

x x
1
2 3 3
IX
D B F A

Dm7

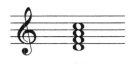

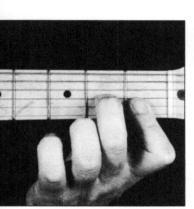
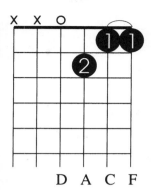

x x o
D A C F

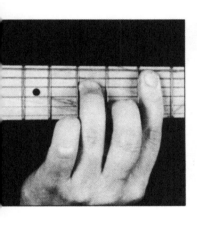
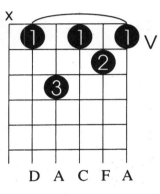

x
V
D A C F A

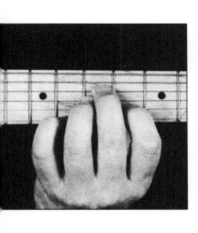
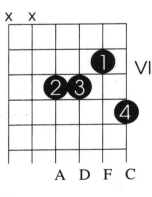

x x
VI
A D F C

D

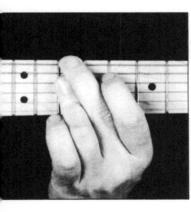
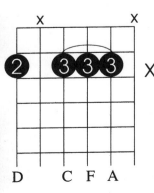

x x
X
D C F A

57

Dm(maj7)

X X O

D A C# F

X

D A C# F A

D

Dm9

X   X

D F C E

X

X

D   C F A E

58

Dm11

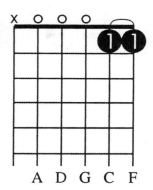

A D G C F

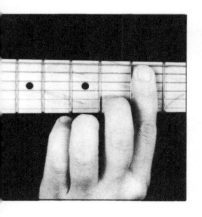

D G C F A V

Dm13

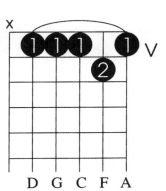

A D B C F

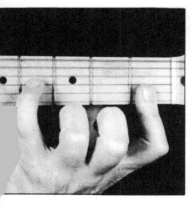

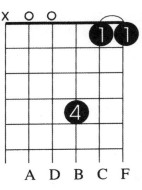

A D B C F

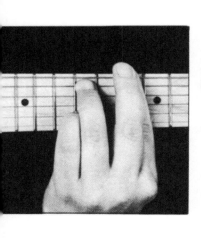

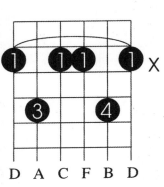

D A C F B D

Dm7♭5

x x o

D A♭ C F

x   x

V

D A♭ C F

D

D°7

x x o   o

D A♭ C♭ F

x   x

D   C♭ F A♭

D7

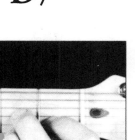
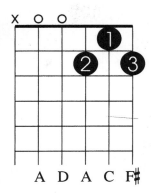

A D A C F#

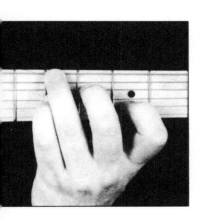
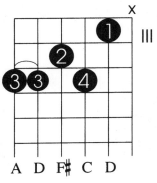

III

A D F# C D

D

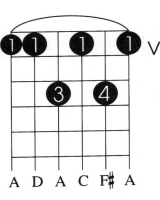

V

A D A C F# A

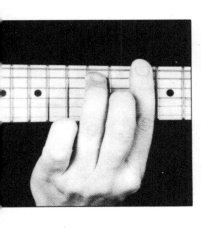
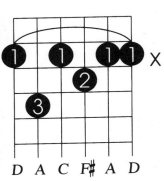

X

D A C F# A D

D7

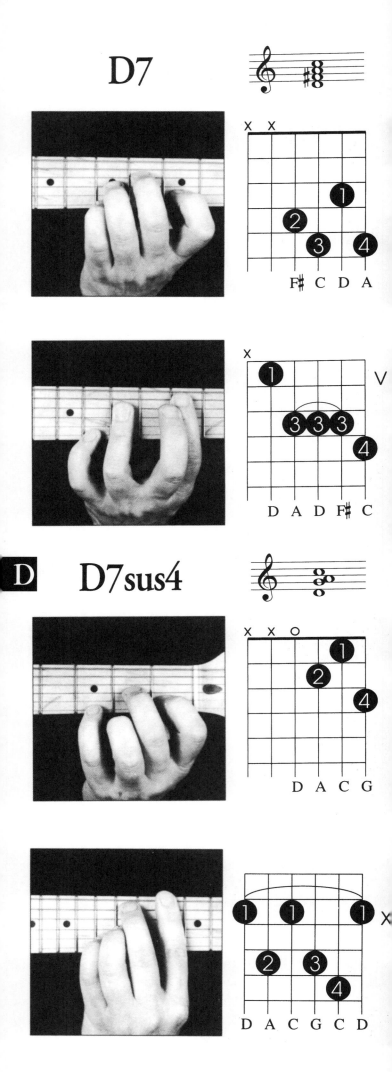

D7sus4

D7♭5

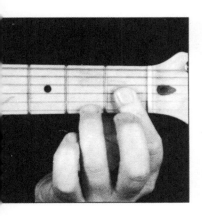

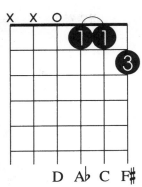

D A♭ C F#

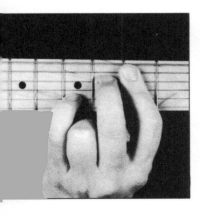

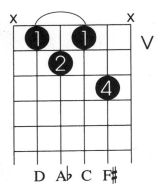

V

D A♭ C F#

D7#5

D

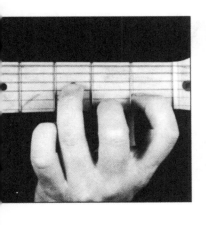

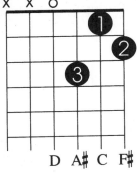

D A# C F#

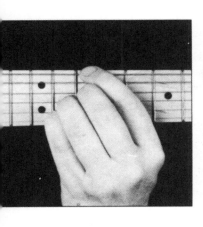

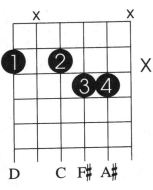

X

D C F# A#

D9

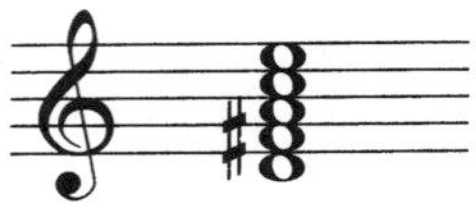

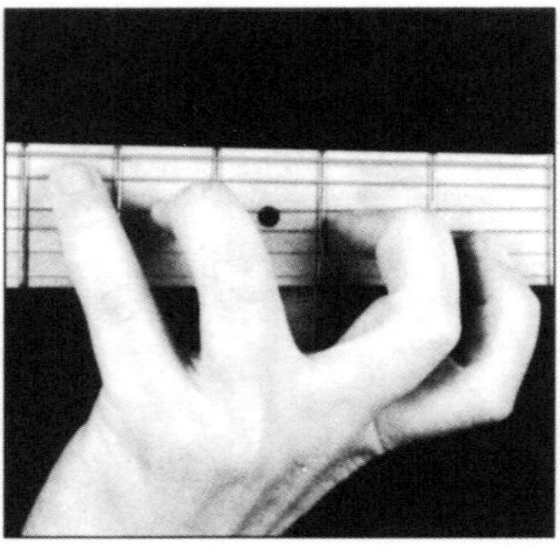

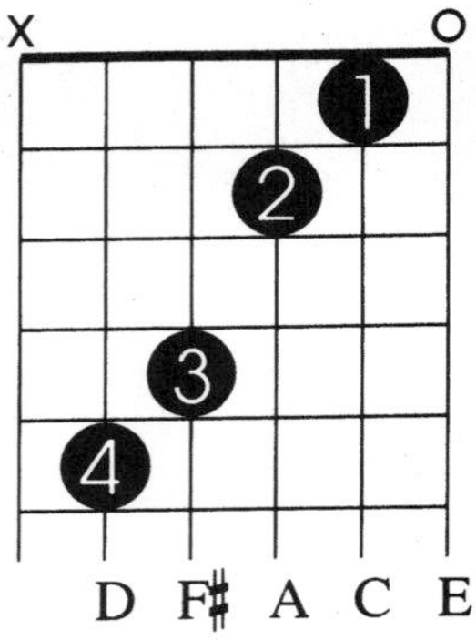

D F# A C E

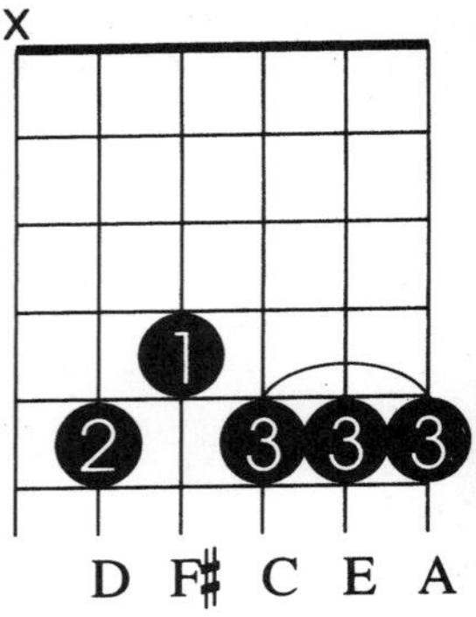

D F# C E A

D

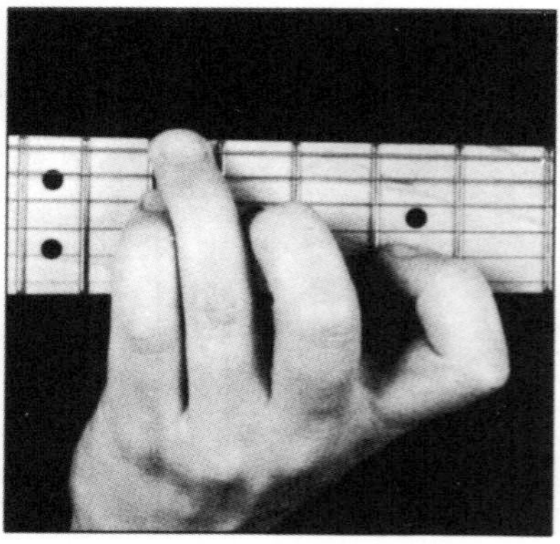

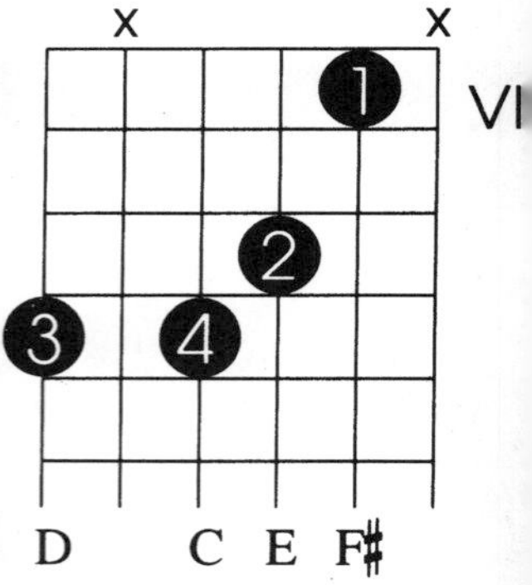

VI

D　C E F#

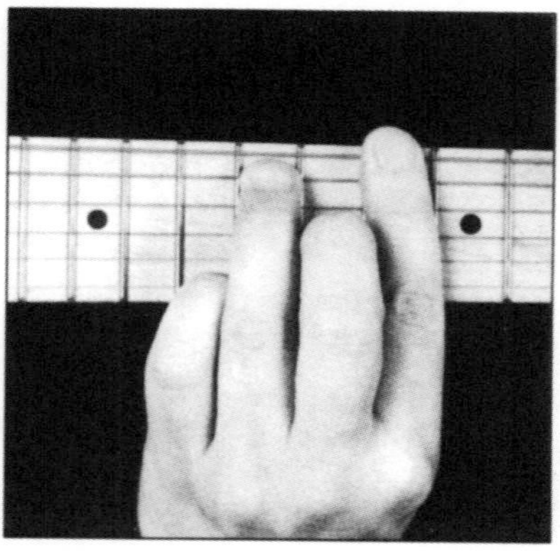

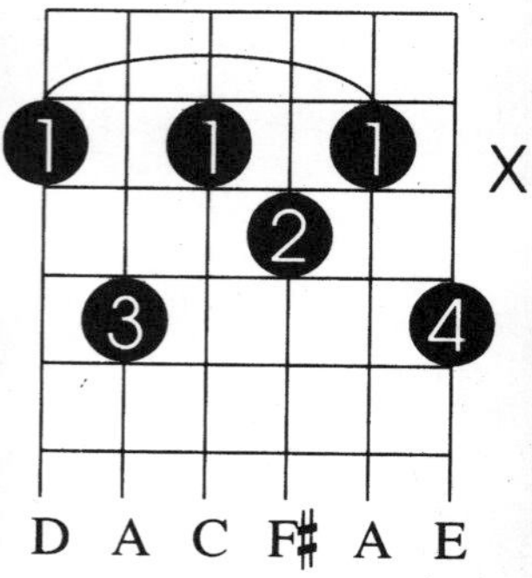

X

D A C F# A E

D9sus4

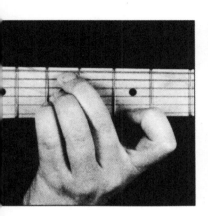

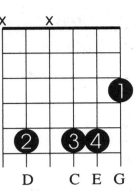

x   x

D   C E G

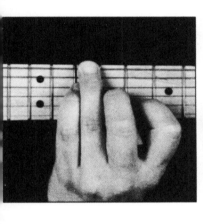

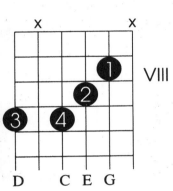

x   x

VIII

D   C E G

D

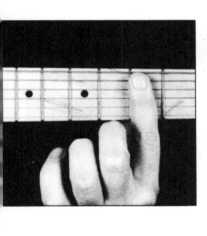

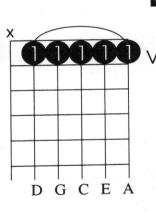

x

V

D G C E A

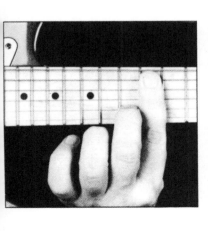

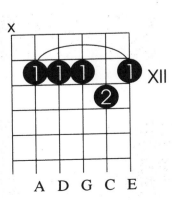

x

XII

A D G C E

D9♭5

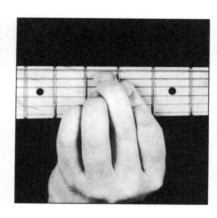

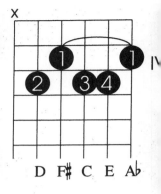

D F♯ C E A♭

IV

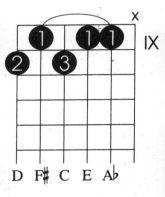

D F♯ C E A♭

IX

D9♯5

D

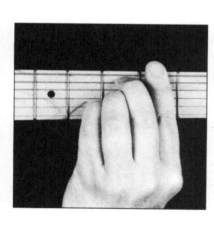

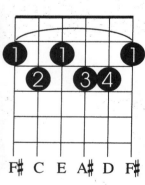

F♯ C E A♯ D F♯

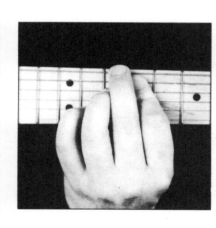

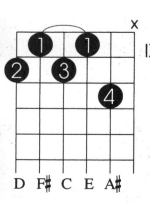

D F♯ C E A♯

IX

D13

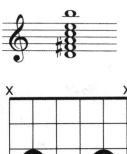

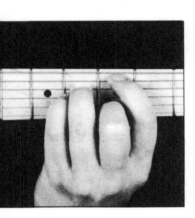

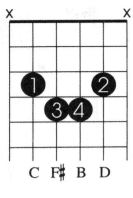

C F# B D

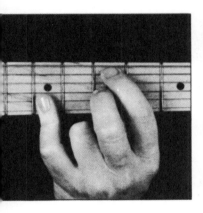

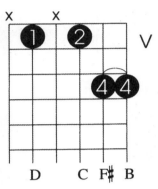

V

D C F# B

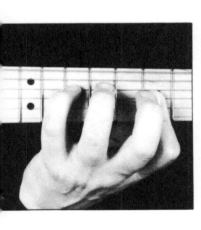

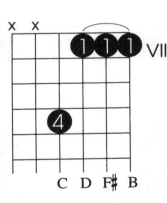

VII

C D F# B

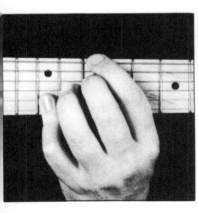

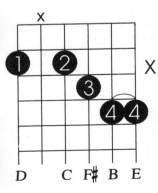

X

D C F# B E

E♭

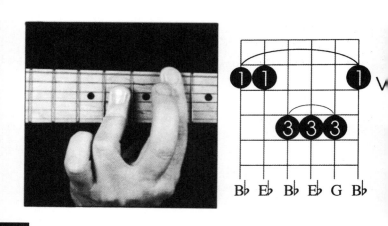

Bb Eb Bb Eb G

Eb G Bb Eb G   III

Bb Eb Bb Eb G Bb   V

E♭

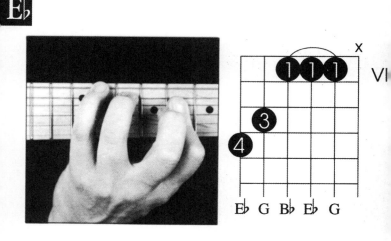

Eb G Bb Eb G   VI

68

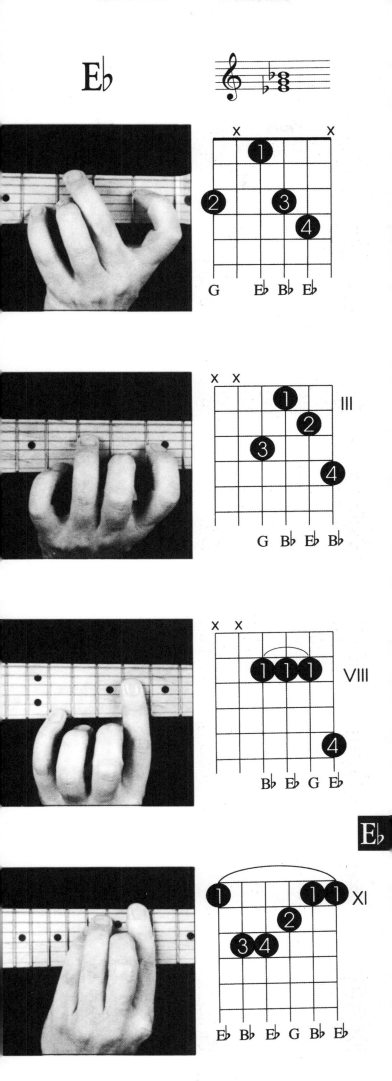

E♭

E♭sus4

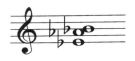

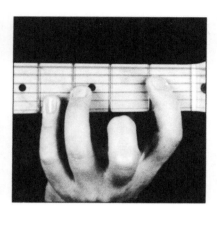
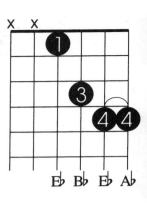

E♭ B♭ E♭ A♭

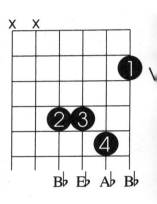

B♭ E♭ A♭ B♭

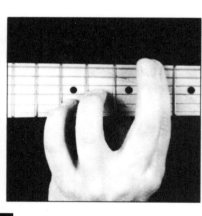
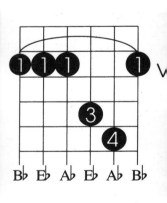

B♭ E♭ A♭ E♭ A♭ B♭

E♭

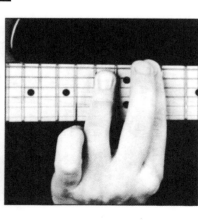
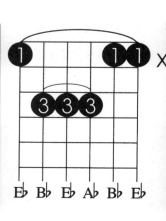

E♭ B♭ E♭ A♭ B♭ E♭

E♭6

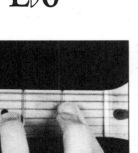
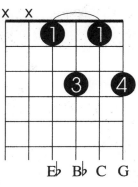

X X

| 1 | 1 |
| 3 | 4 |

E♭ B♭ C G

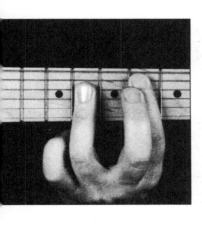

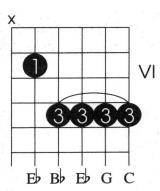

X

1

3 3 3 3

E♭ B♭ E♭ G C

VI

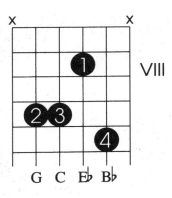

X   X

1

2 3

4

G C E♭ B♭

VIII

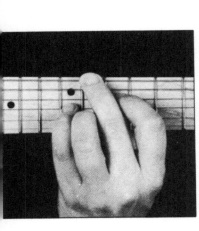

E♭

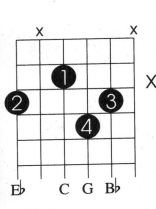

X   X

1

2   3

4

E♭   C G B♭

X

E♭6/9

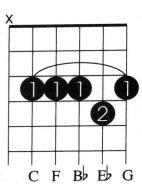

C	F	B♭	E♭	G	

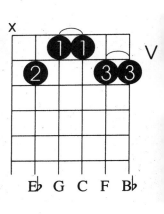

V

E♭	G	C	F	B♭	

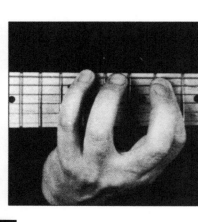
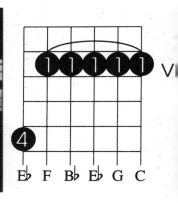

VI

E♭	F	B♭	E♭	G	C

E♭

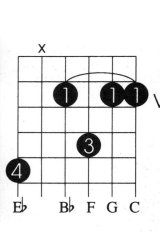

VII

E♭		B♭	F	G	C

72

E♭maj7

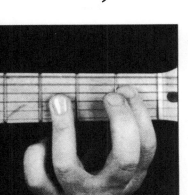

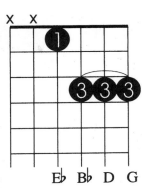

x x

1

3 3 3

E♭ B♭ D G

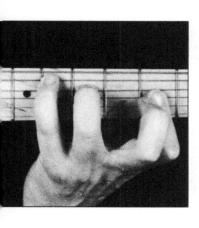

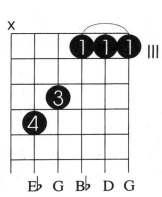

x

1 1 1   III

3

4

E♭ G B♭ D G

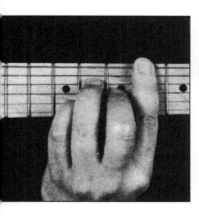

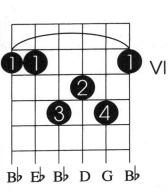

1 1   1   VI

2

3   4

B♭ E♭ B♭ D G B♭

E♭

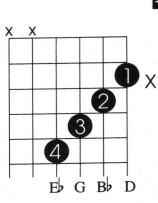

x x

1   X

2

3

4

E♭ G B♭ D

73

E♭maj9

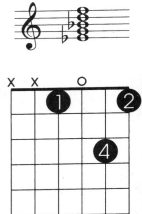

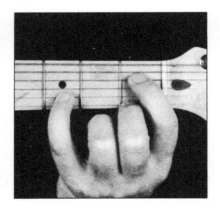

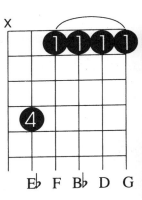

X X O

Eb G D F

X

Eb F Bb D G

E♭maj13

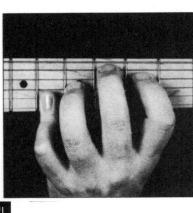

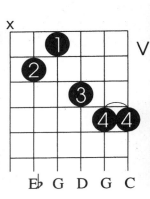

X   V

Eb G D G C

E♭

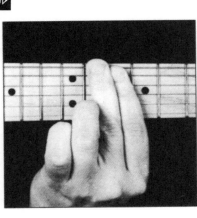

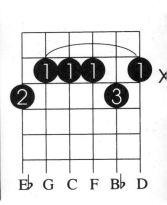

X

Eb G C F Bb D

E♭m

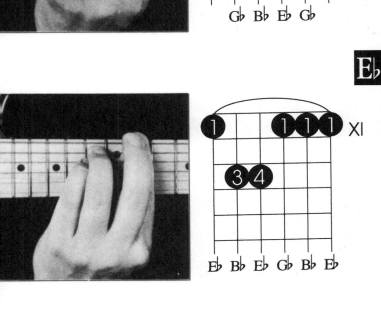

Gb Eb Bb Eb

Eb Gb Bb Eb

III

Gb Bb Eb Gb

VII

E♭

Eb Bb Eb Gb Bb Eb

XI

E♭m

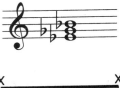

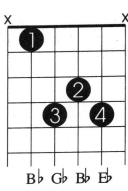

B♭ G♭ B♭ E♭

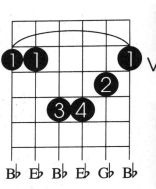

V

B♭ E♭ B♭ E♭ G♭ B♭

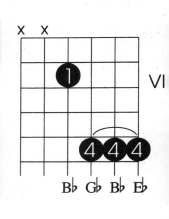

VI

B♭ G♭ B♭ E♭

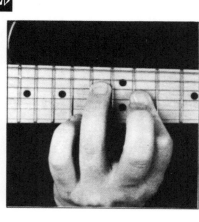

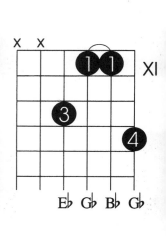

XI

E♭ G♭ B♭ G♭

E♭m6

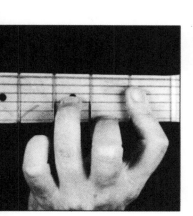

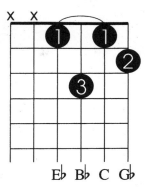

E♭ B♭ C G♭

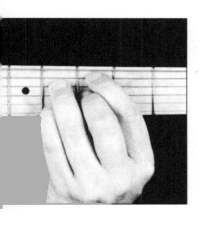

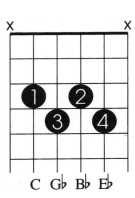

C G♭ B♭ E♭

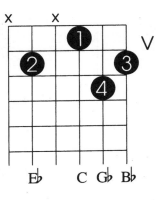

V

E♭ C G♭ B♭

E♭

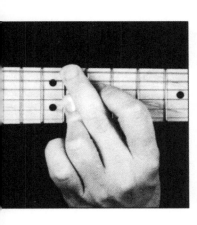

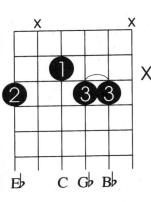

X

E♭ C G♭ B♭

77

Ebm7

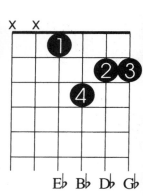

Eb Bb Db Gb

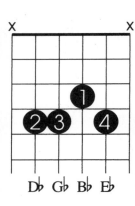

Db Gb Bb Eb

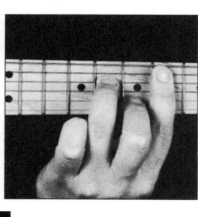

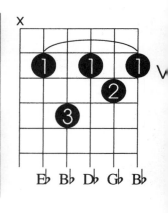

Eb Bb Db Gb Bb

Eb

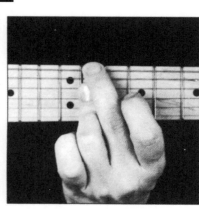

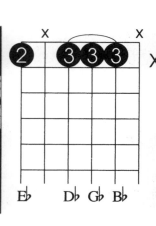

Eb Db Gb Bb

78

Ebm(maj7)

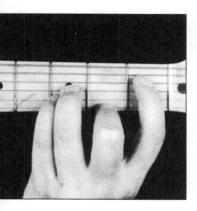
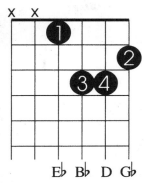

Eb Bb D Gb

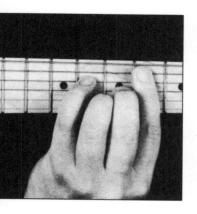
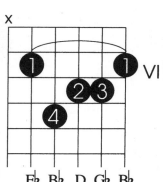

VI

Eb Bb D Gb Bb

Ebm9

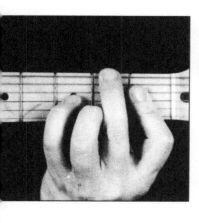
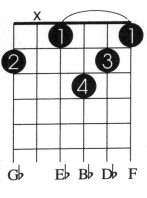

Gb Eb Bb Db F

Eb

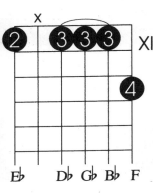

XI

Eb Db Gb Bb F

E♭m11

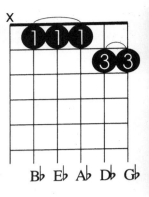

B♭ E♭ A♭ D♭ G♭

E♭ A♭ D♭ G♭ B♭ E♭

E♭m13

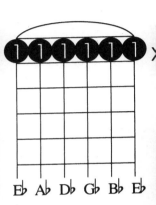

E♭ D♭ G♭ C

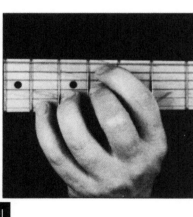
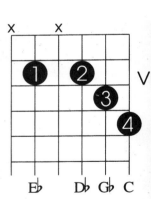

E♭ B♭ D♭ G♭ C E♭

80

Ebm7b5

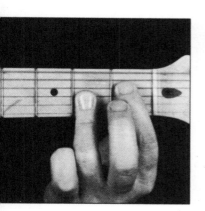

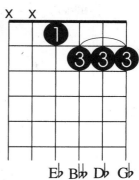

Eb Bbb Db Gb

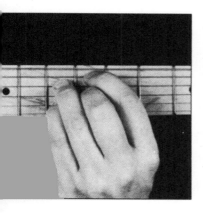

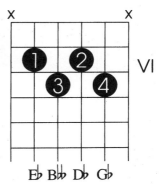

VI

Eb Bbb Db Gb

Eb°7

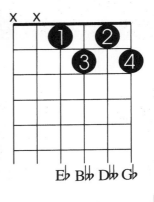

Eb Bbb Dbb Gb

Eb

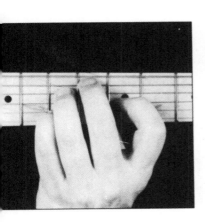

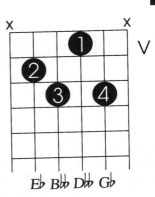

V

Eb Bbb Dbb Gb

E♭7

X X
① Eb
② Bb
③ Db
④ G

X X
① ①
③ ②
Db Bb Eb G

X
① ① ① V
③ ④
Eb Bb Db G Bb

E♭

X X
① VI
②
③ ④
G Db Eb Bb

82

E♭7

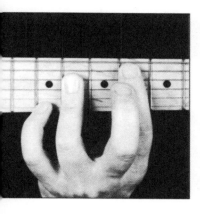

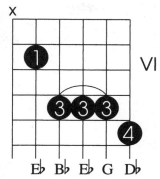

VI

E♭ B♭ E♭ G D♭

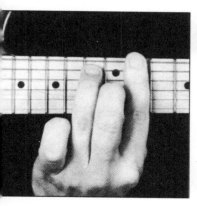

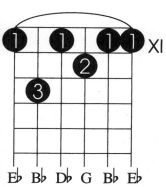

XI

E♭ B♭ D♭ G B♭ E♭

E♭7sus4

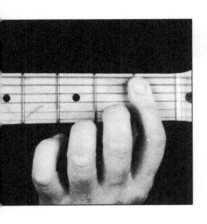

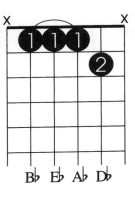

B♭ E♭ A♭ D♭

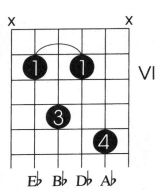

VI

E♭ B♭ D♭ A♭

E♭7♭5

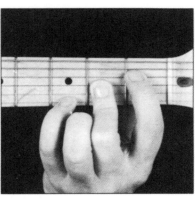
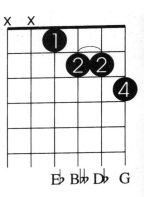

Eb Bbb Db G

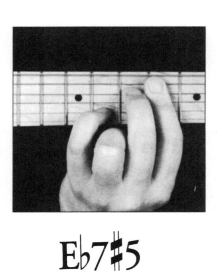
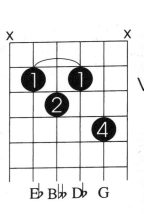

Eb Bbb Db G

E♭7♯5

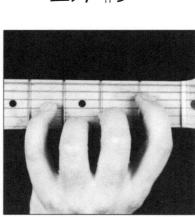
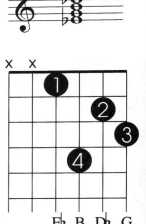

Eb B Db G

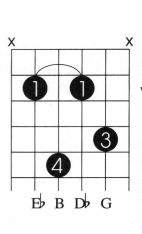

Eb B Db G

E♭9

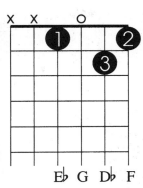

E♭ G D♭ F

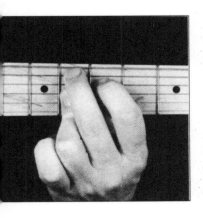

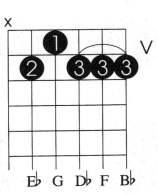

V

E♭ G D♭ F B♭

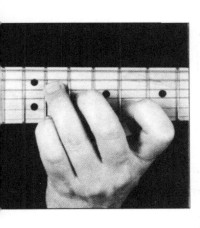

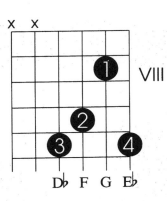

VIII

D♭ F G E♭

E♭

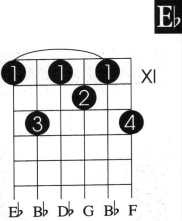

XI

E♭ B♭ D♭ G B♭ F

85

E♭9sus4

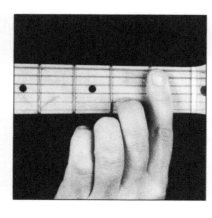

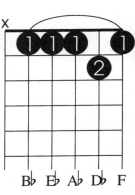

B♭ E♭ A♭ D♭ F

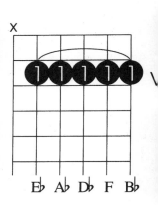

E♭ A♭ D♭ F B♭

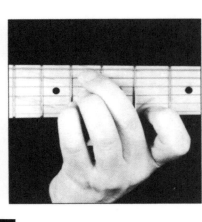

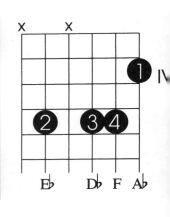

E♭ D♭ F A♭

E♭

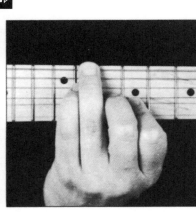

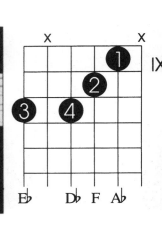

E♭ D♭ F A♭

E♭9♭5

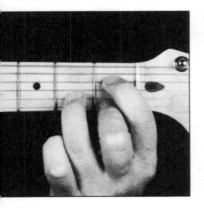

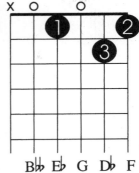

X   O   O

B♭♭   E♭   G   D♭   F

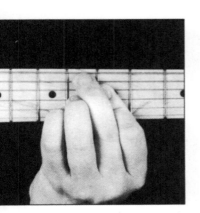

X

V

E♭   G   D♭   F   B♭♭

E♭9♯5

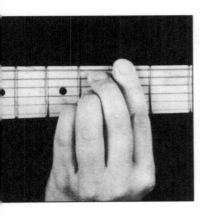

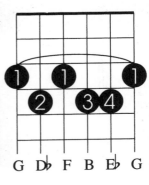

G   D♭   F   B   E♭   G

E♭

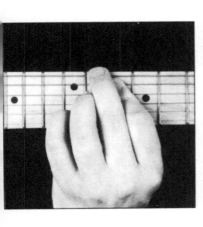

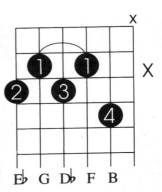

X

X

E♭   G   D♭   F   B

E♭13

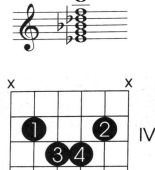

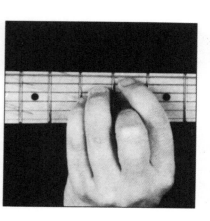

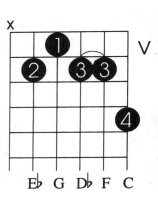

IV

D♭ G C E♭

V

E♭ G D♭ F C

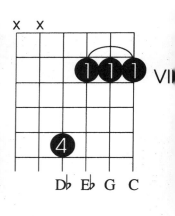

VII

D♭ E♭ G C

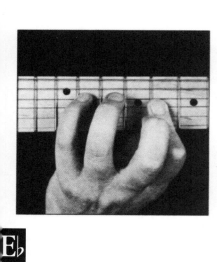

E♭

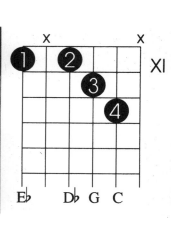

XI

E♭ D♭ G C

E

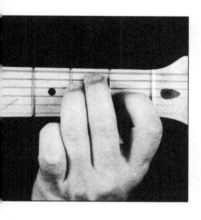

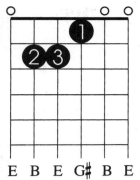

E B E G# B E

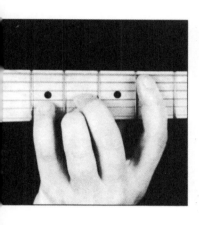

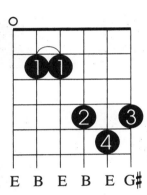

E B E B E G#

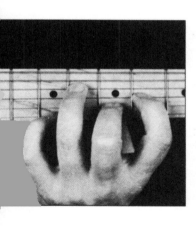

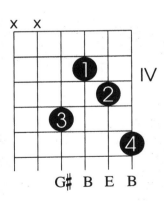

IV

G# B E B

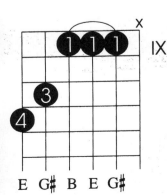

IX

E G# B E G#

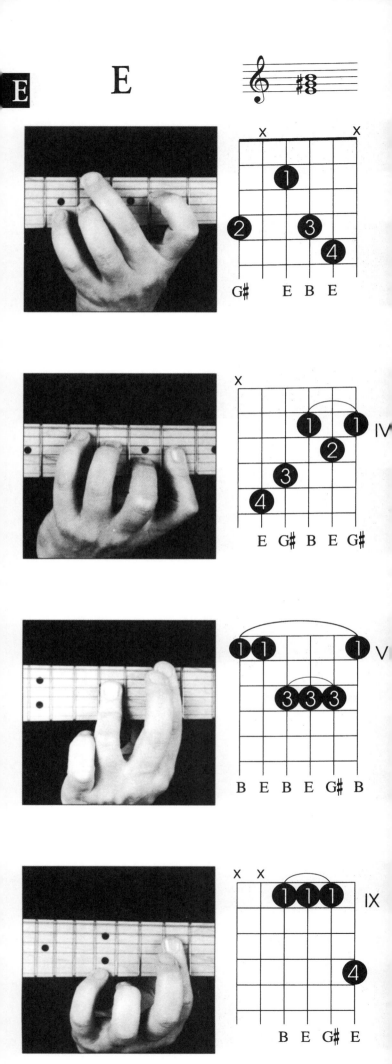

E

E

G# E B E

IV · E G# B E G#

V · B E B E G# B

IX · B E G# E

90

Esus4

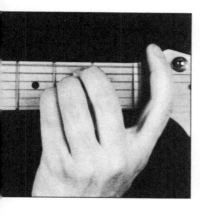

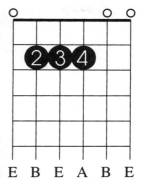

E B E A B E

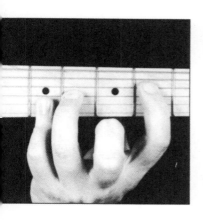

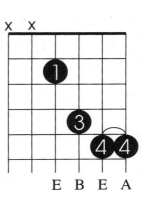

E B E A

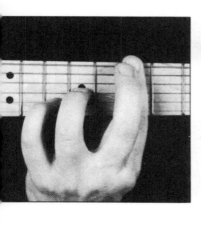

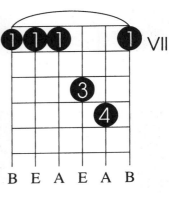

VII

B E A E A B

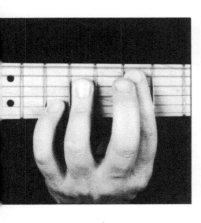

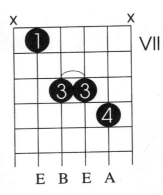

VII

E B E A

E6

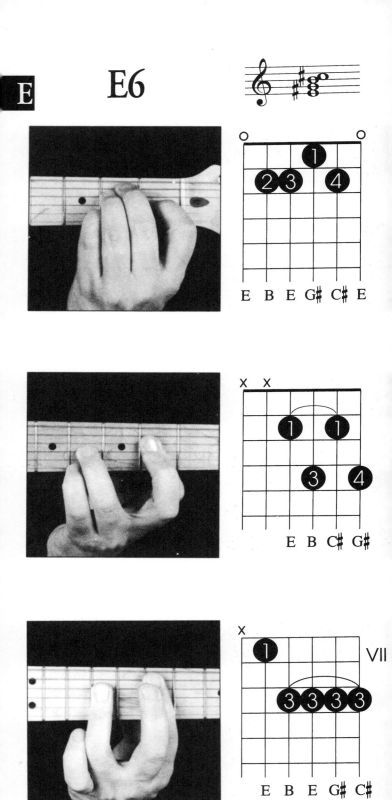

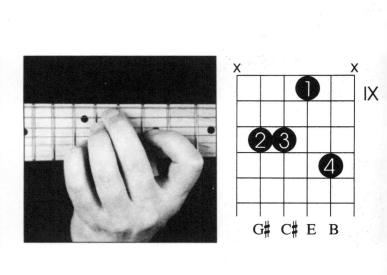

E6/9

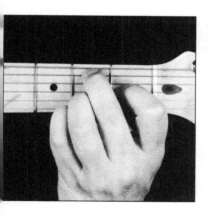

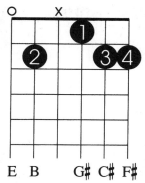

E B G# C# F#

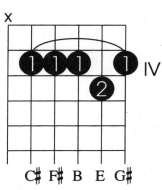

IV

C# F# B E G#

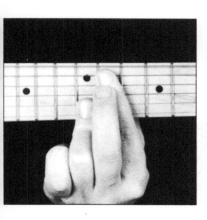

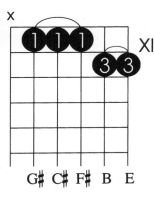

XI

G# C# F# B E

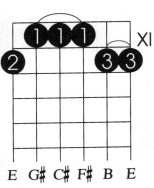

XI

E G# C# F# B E

Emaj7

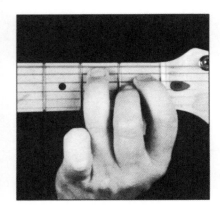

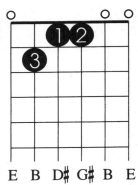

E B D# G# B E

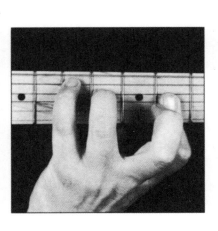

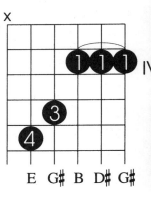

IV

E G# B D# G#

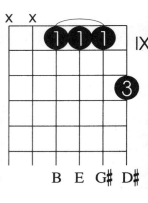

IX

B E G# D#

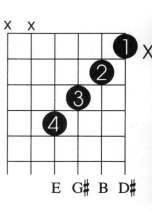

X

E G# B D#

Emaj9

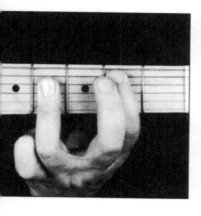

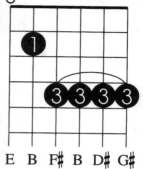

E B F# B D# G#

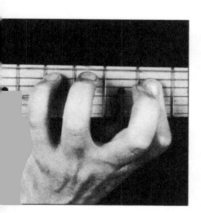

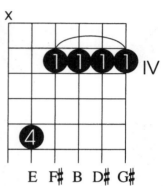

IV

E F# B D# G#

Emaj13

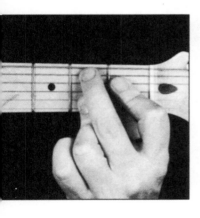

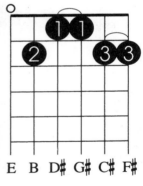

E B D# G# C# F#

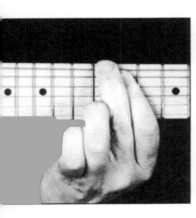

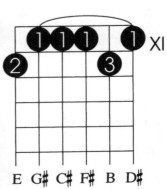

XI

E G# C# F# B D#

Em

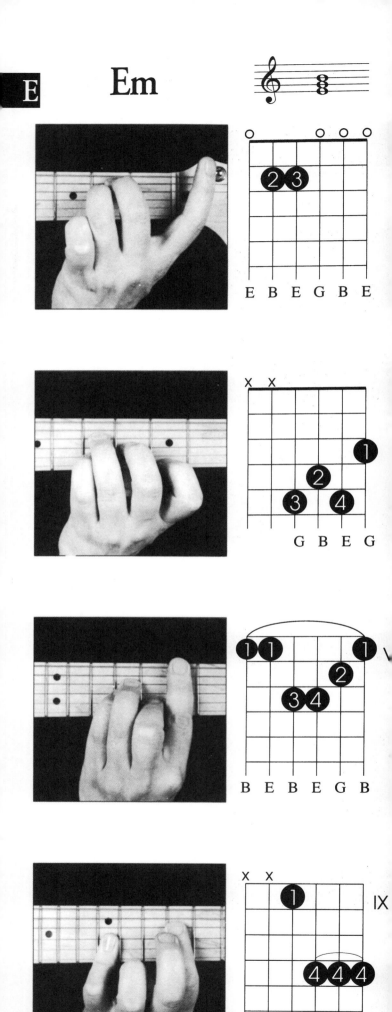

E B E G B E

G B E G

B E B E G B

B G B E

Em

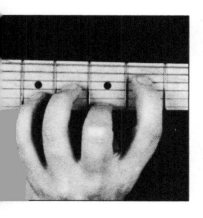

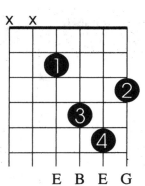

E B E G

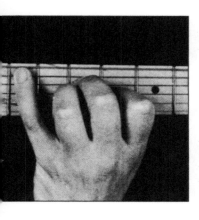

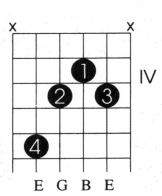

IV

E G B E

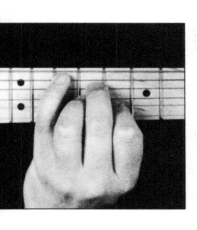

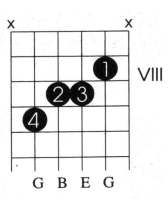

VIII

G B E G

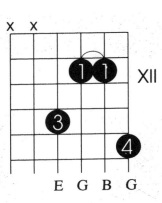

XII

E G B G

97

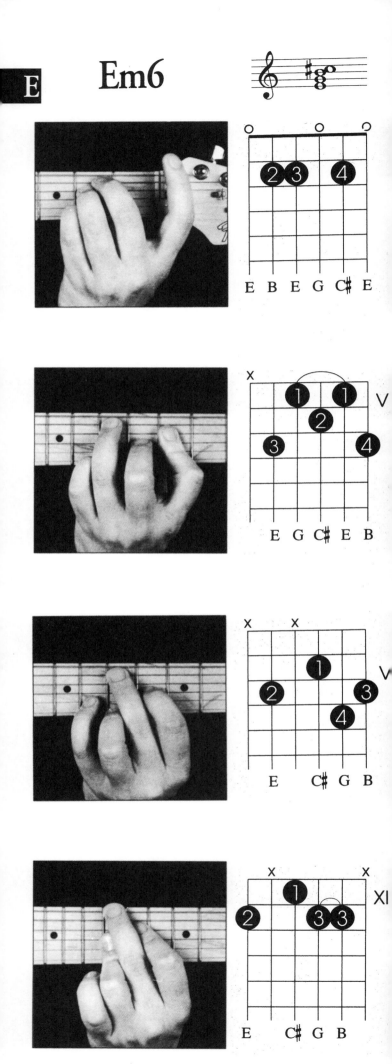

E Em6

Em7

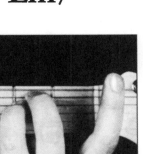

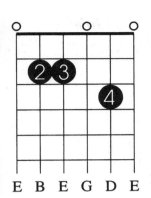

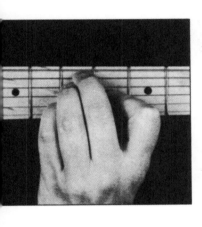

E B E G D E

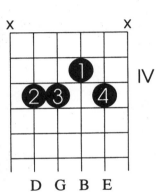

IV

D G B E

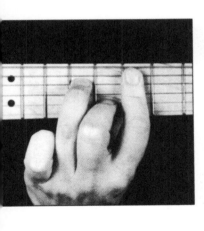

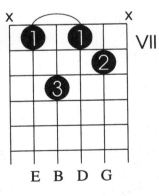

VII

E B D G

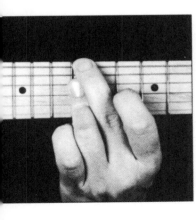

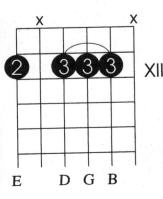

XII

E D G B

Em(maj7)

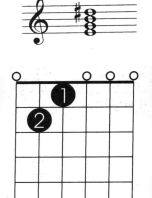

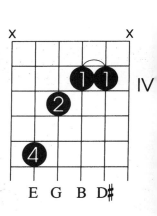

E B D# G B E

IV

E G B D#

Em9

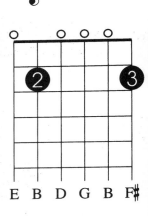

E B D G B F#

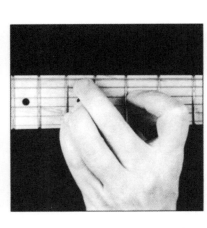

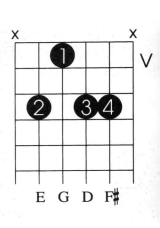

V

E G D F#

Em11

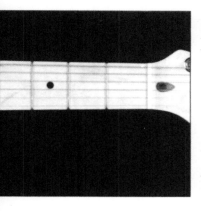

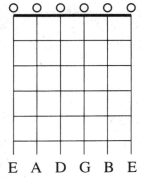

E A D G B E

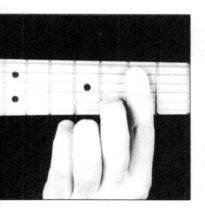

x

1 1 1 1 VII
2

E A D G B

Em13

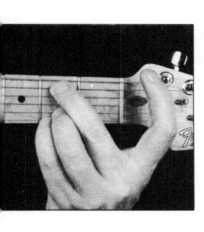

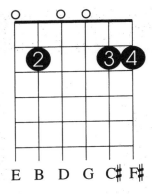

O O O
2 3 4

E B D G C# F#

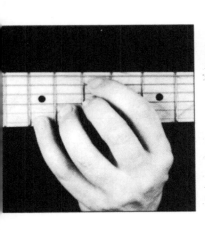

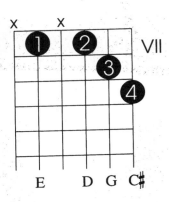

x x

1 2
3
4 VII

E D G C#

Em7♭5

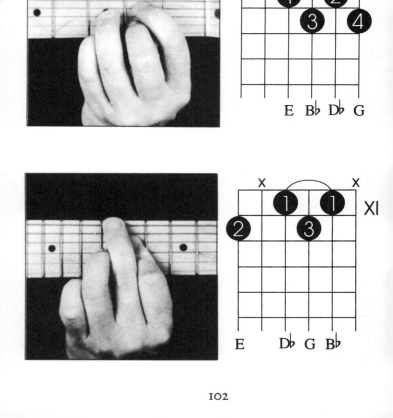

x x

E B♭ D G

x x

G E B♭ D

E°7

x x

E B♭ D♭ G

x x

XI

E D♭ G B♭

E7

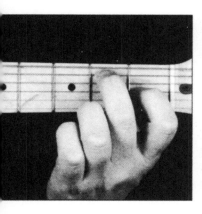
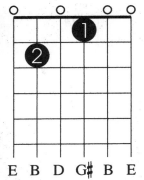

E B D G# B E

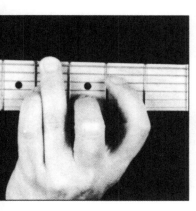
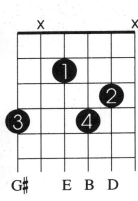

G# E B D

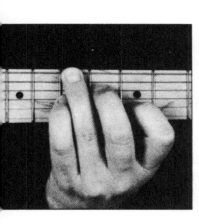
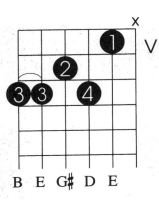

V

B E G# D E

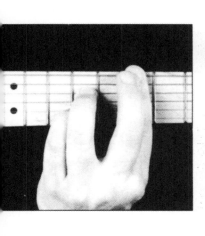
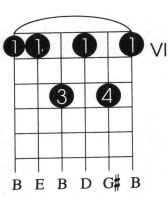

VII

B E B D G# B

E7

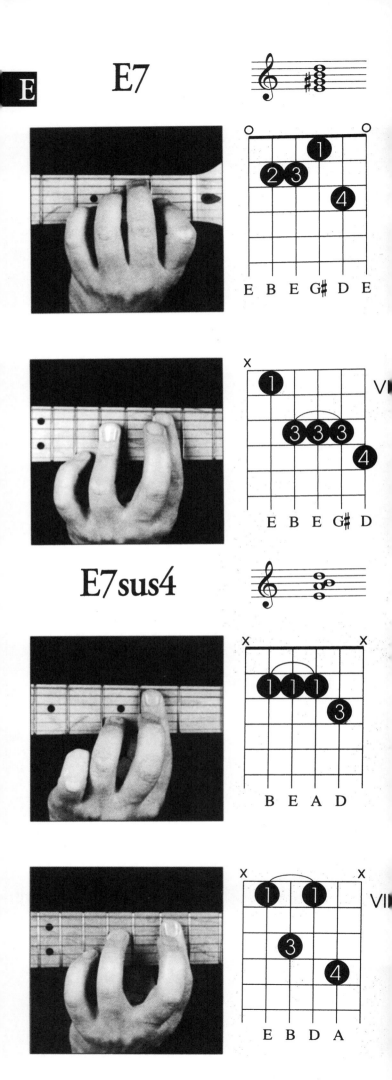

E B E G# D E

E B E G# D

VI

E7sus4

B E A D

E B D A

VII

E7♭5

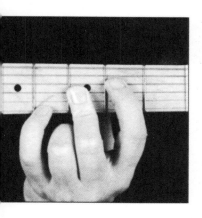
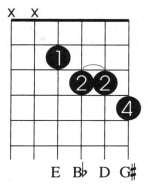

E B♭ D G♯

E B♭ D G♯ VII

E7♯5

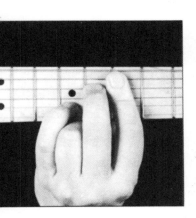
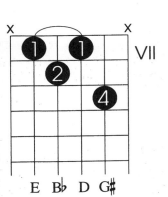

E B♯ D G♯ B♯

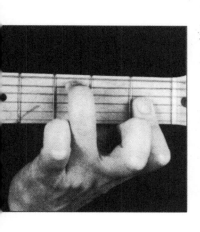
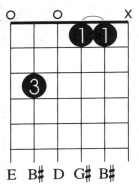

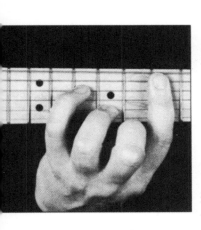
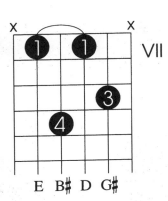

E B♯ D G♯ VII

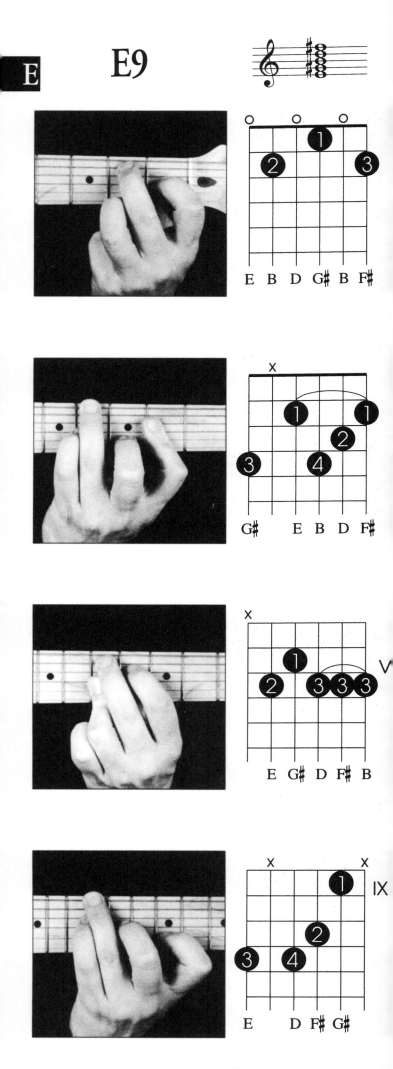

E9sus4

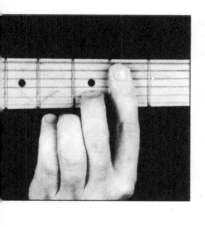

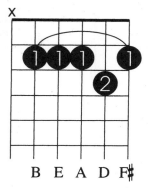

B E A D F#

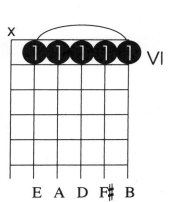

VI

E A D F# B

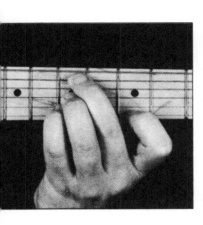

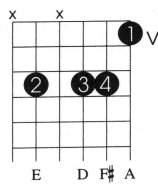

V

E D F# A

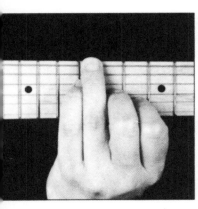

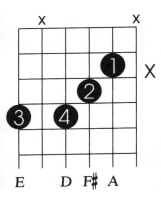

X

E D F# A

E9♭5

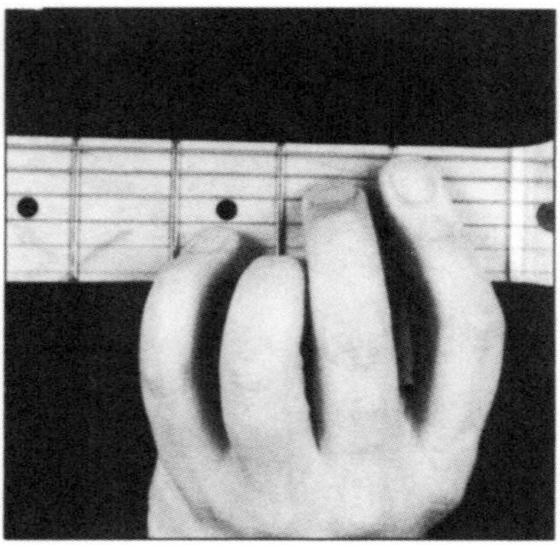

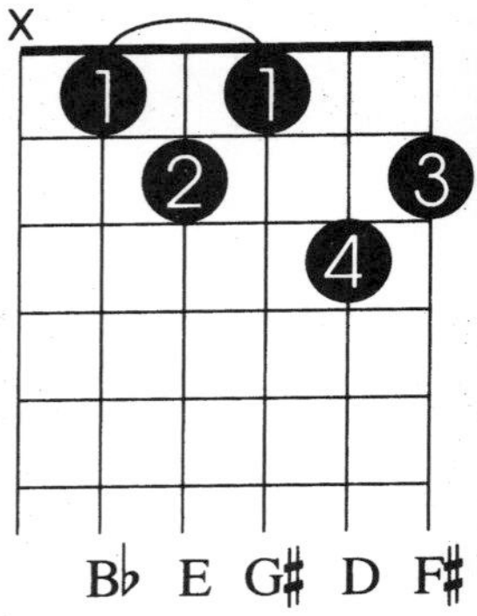

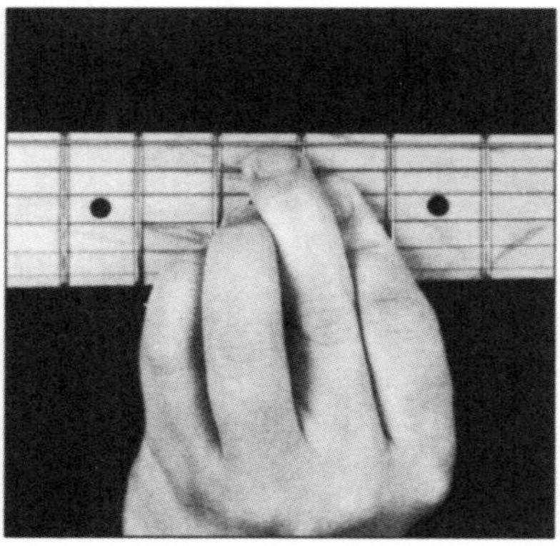

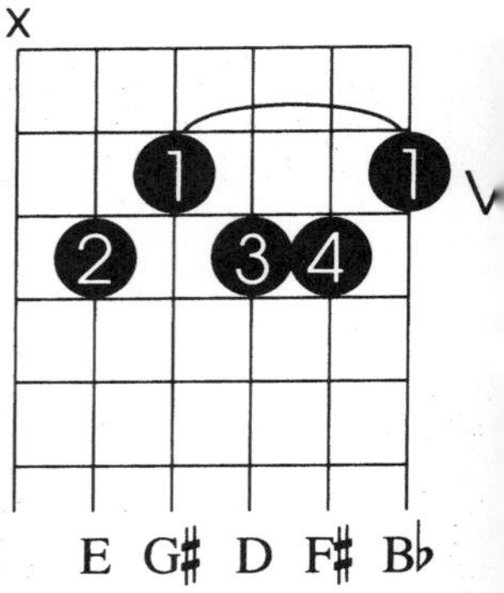

B♭ E G♯ D F♯

E G♯ D F♯ B♭

V

E9♯5

E B♯ D G♯ B♯ F♯

E G♯ D F♯ B♯

VI

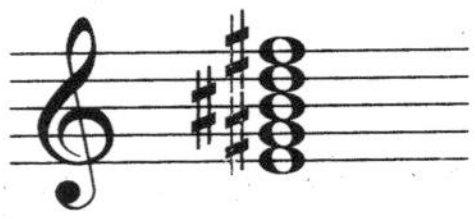

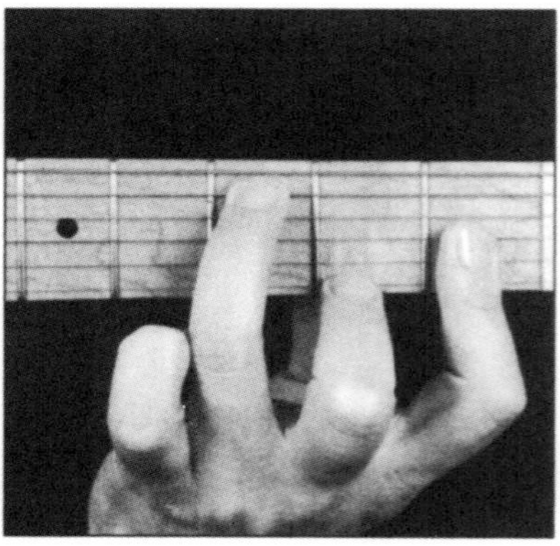

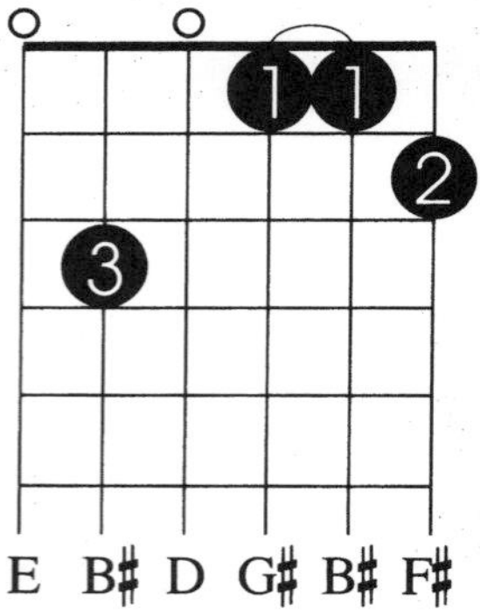

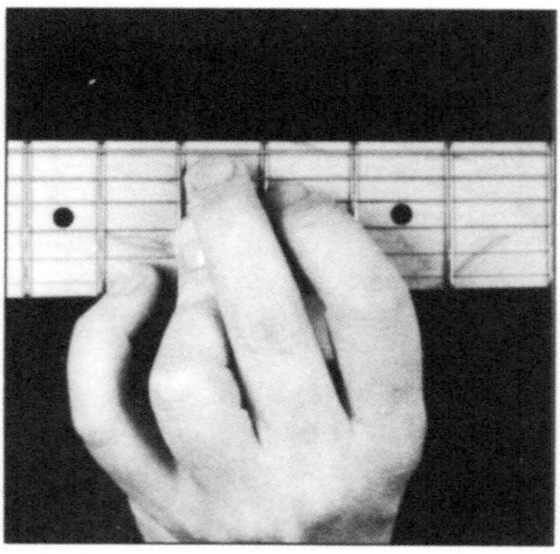

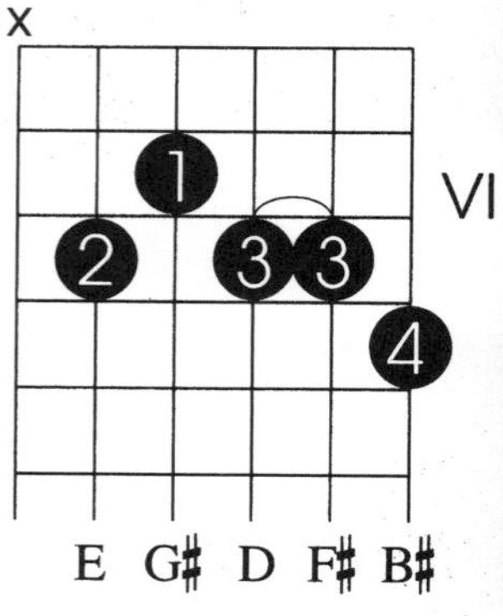

E13

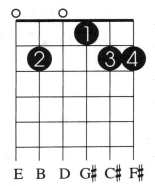

E B D G# C# F#

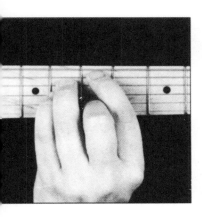

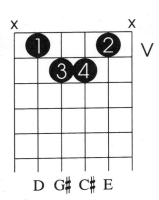

V

D G# C# E

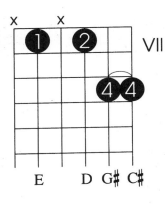

VII

E D G# C#

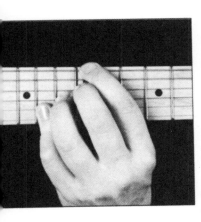

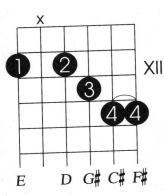

XII

E D G# C# F#

F

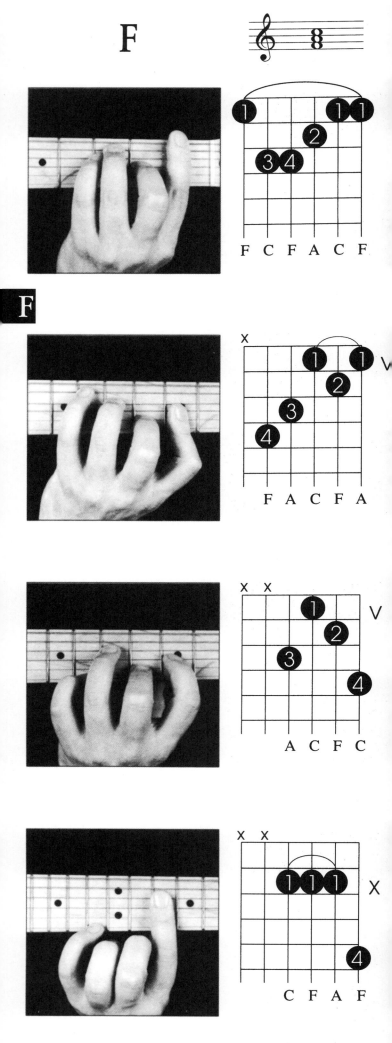

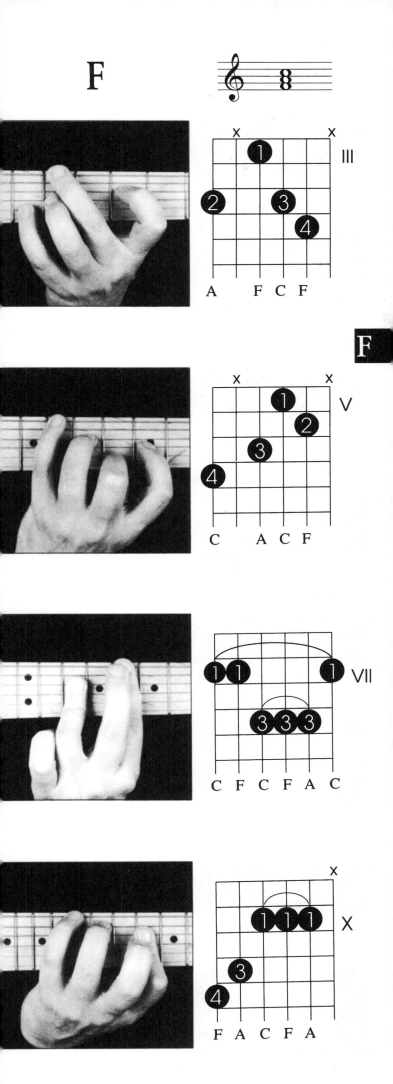

Fsus4

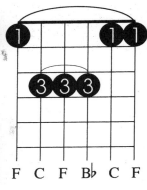

F C F Bb C F

F

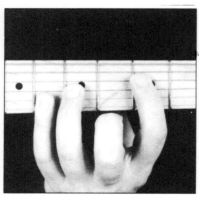

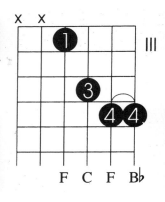

X X

III

F C F Bb

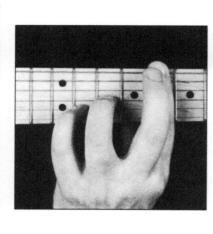

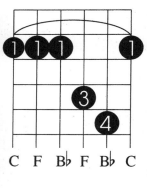

VII

C F Bb F Bb C

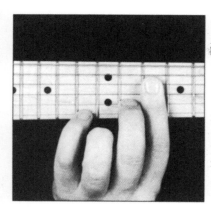

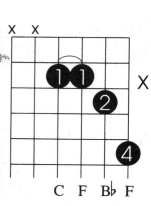

X X

X

C F Bb F

F6

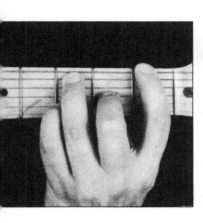
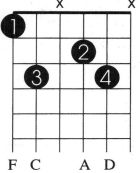

F

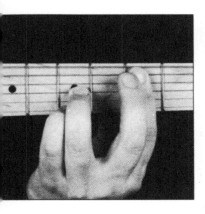
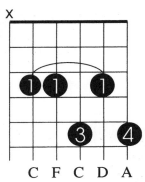

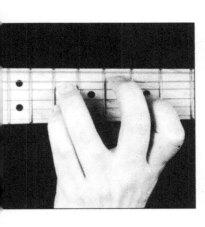
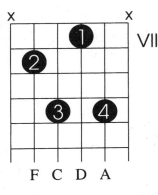

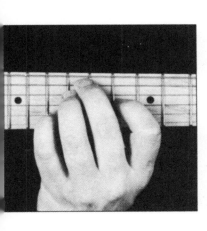
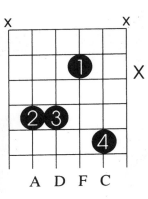

F6/9

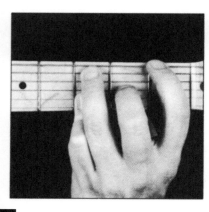

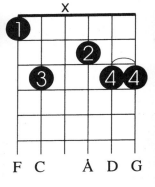

F C Å D G

F

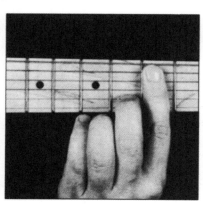

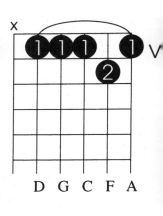

D G C F A

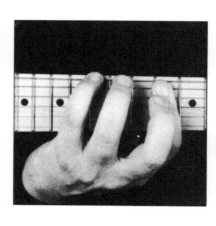

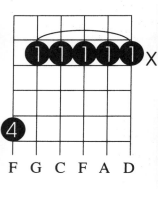

F G C F A D

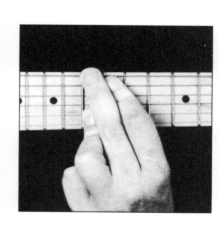

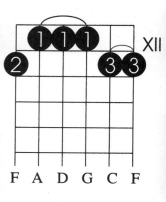

F A D G C F

Fmaj7

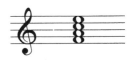

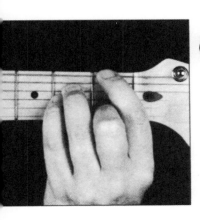

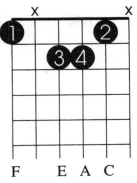

F   E A C

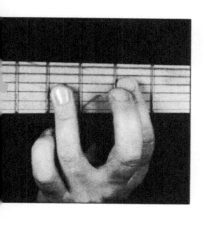

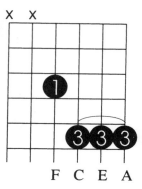

F C E A

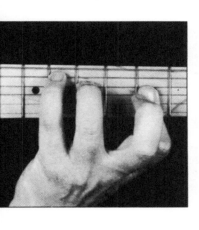

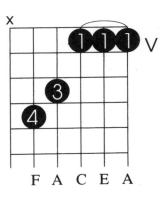

V

F A C E A

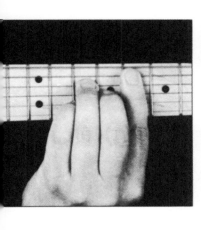

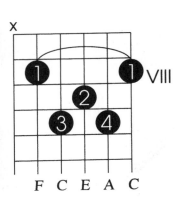

VIII

F C E A C

Fmaj9

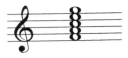

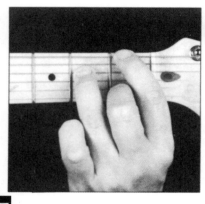

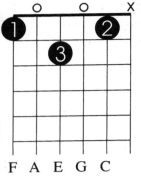

F A E G C

F

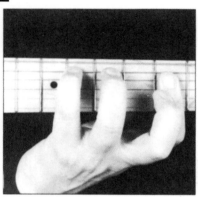

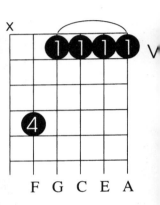

F G C E A

Fmaj13

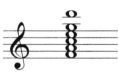

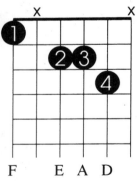

F E A D

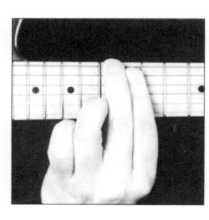

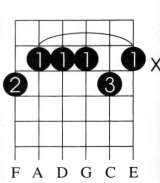

F A D G C E

Fm

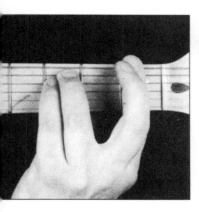

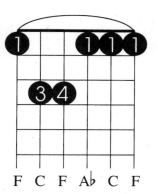

F C F A♭ C F

F

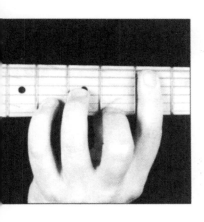

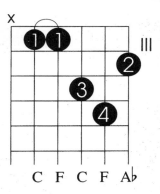

III

C F C F A♭

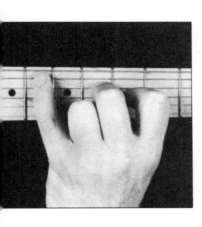

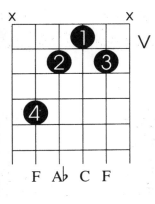

V

F A♭ C F

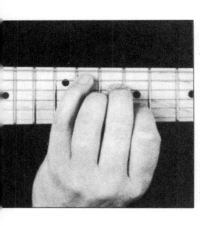

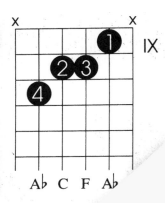

IX

A♭ C F A♭

Fm

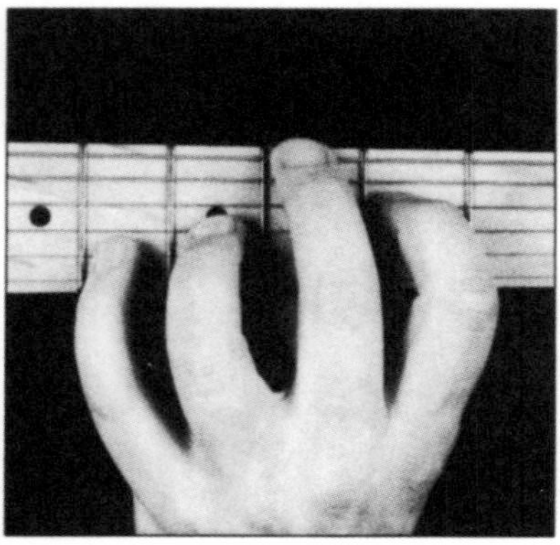

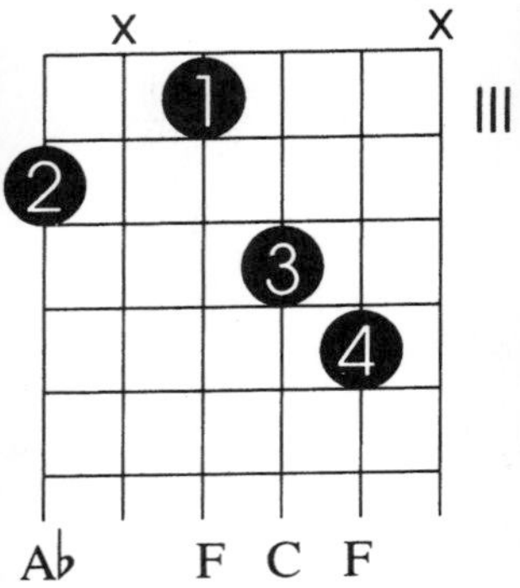

III

Ab F C F

IV

Ab C F Ab

V

C F C F Ab C

X

Ab C F C

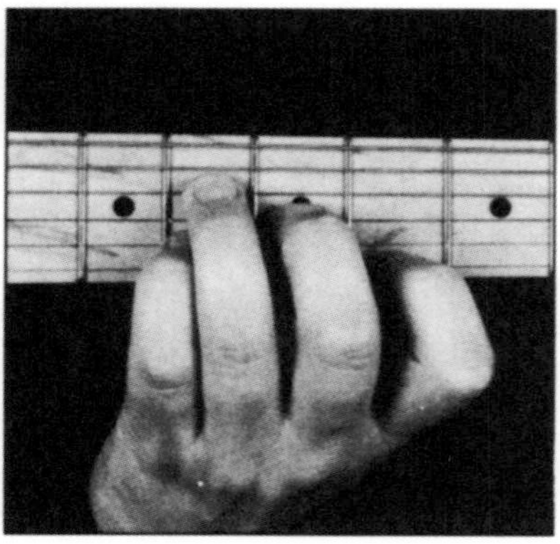

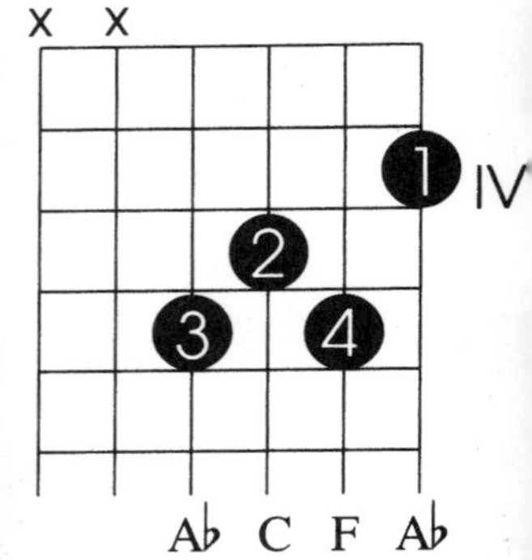

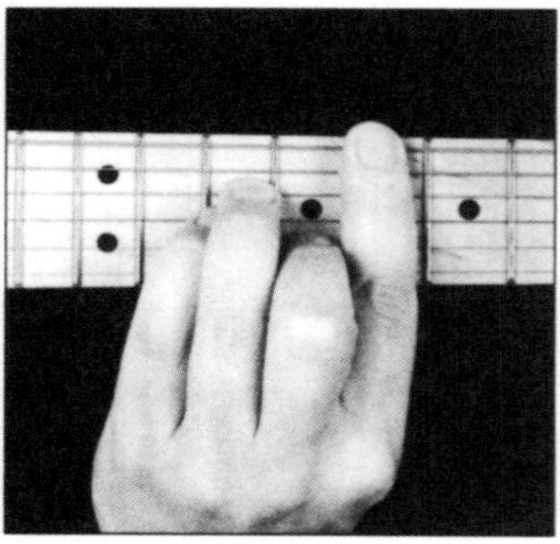

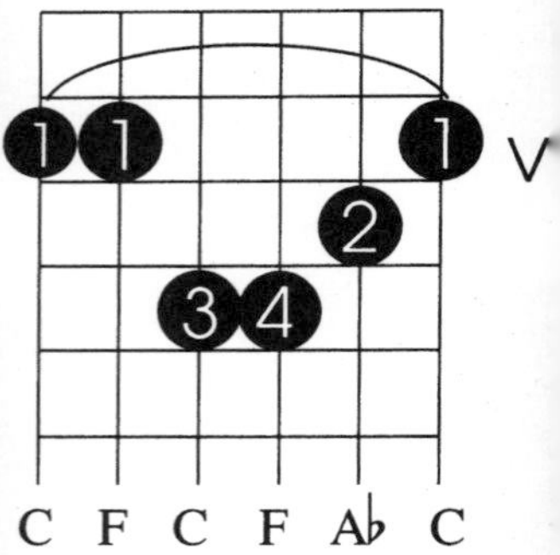

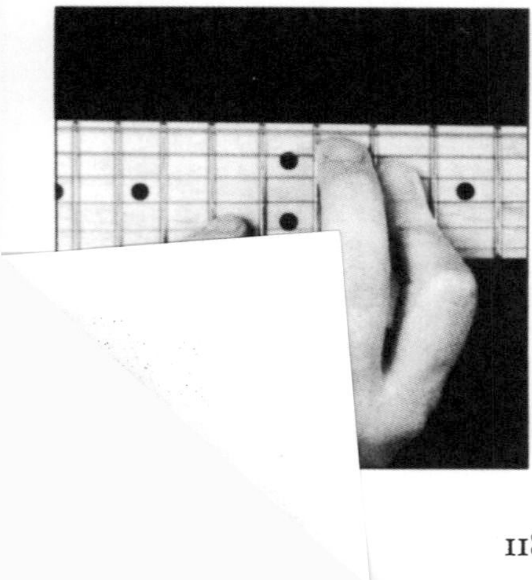

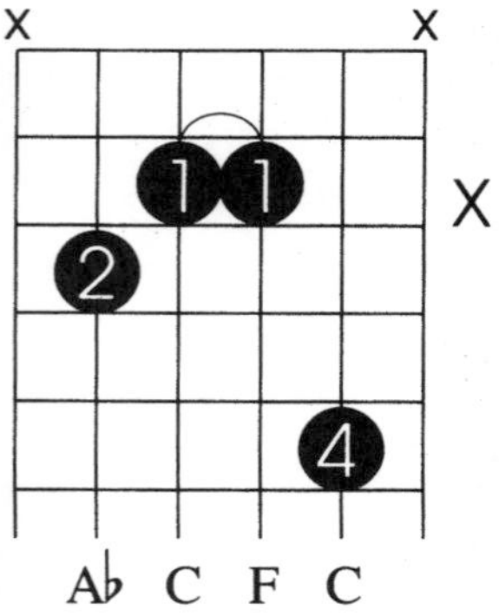

Fm6

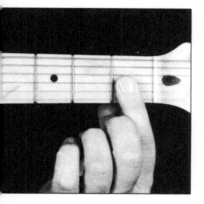

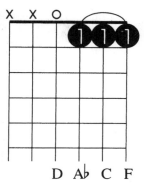

X X O

D A♭ C F

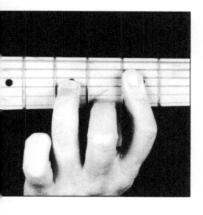

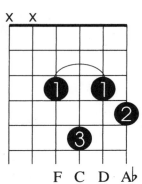

X X

F C D A♭

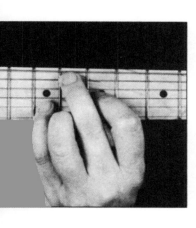

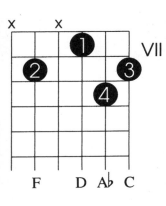

X X

VII

F D A♭ C

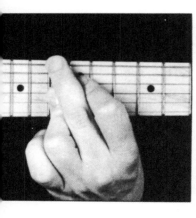

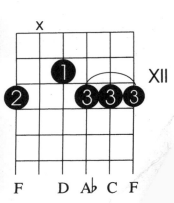

X

XII

F D A♭ C F

Fm7

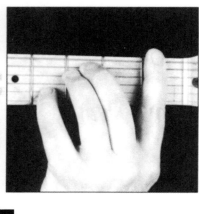

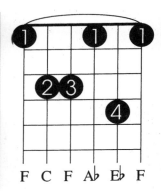

F C F A♭ E♭ F

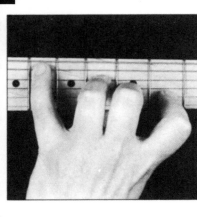

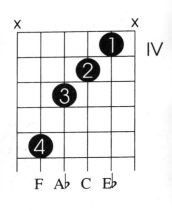

IV

F A♭ C E♭

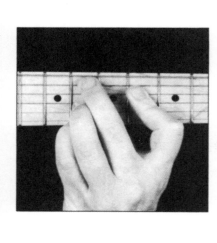

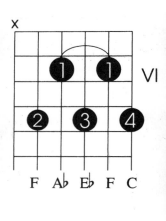

VI

F A♭ E♭ F C

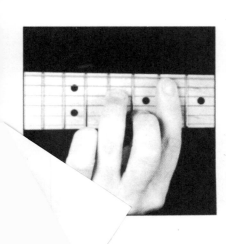

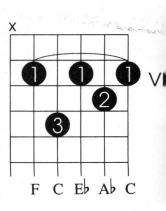

VI

F C E♭ A♭ C

F

Fm(maj7)

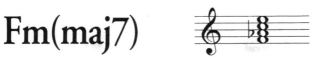

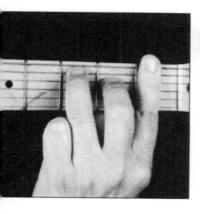

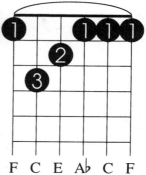

F C E A♭ C F

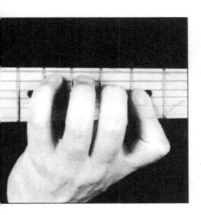

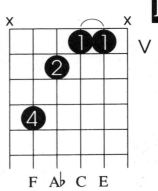

F A♭ C E

V

Fm9

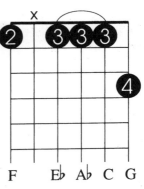

F E♭ A♭ C G

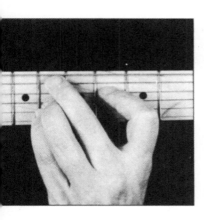

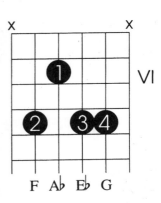

F A♭ E♭ G

VI

Fm11

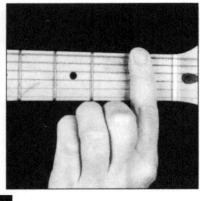

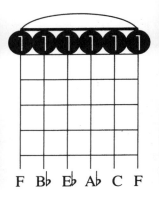

F Bb Eb Ab C F

F Ab Eb G Bb

Fm13

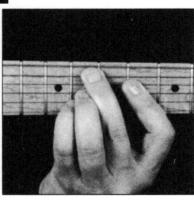

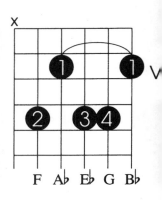

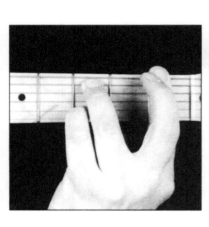

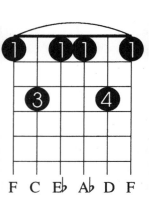

F C Eb Ab D F

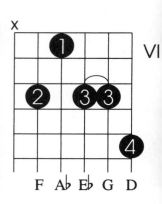

F Ab Eb G D

Fm7♭5

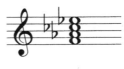

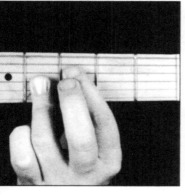

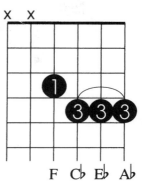

F C♭ E♭ A♭

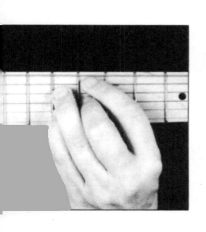

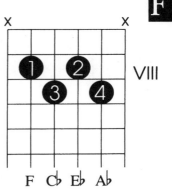

VIII

F C♭ E♭ A♭

F°7

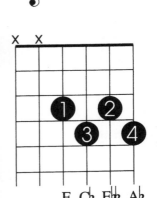

F C♭ E♭♭ A♭

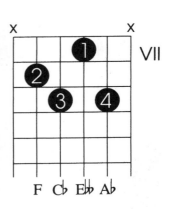

VII

F C♭ E♭♭ A♭

F7

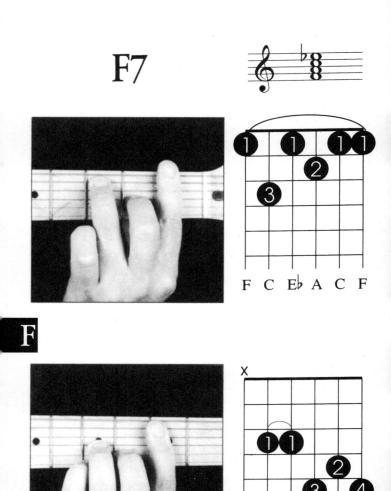

F C E♭ A C F

F

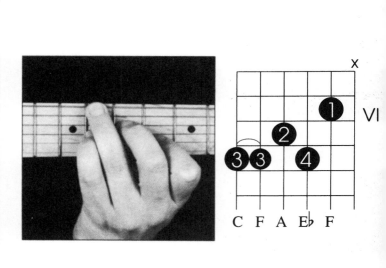

C F C E♭ A

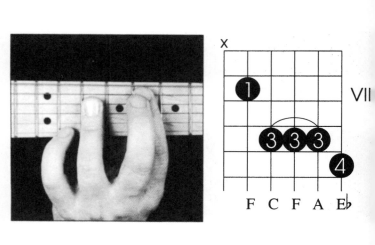

C F A E♭ F — VI

X

F C F A E♭ — VII

F7

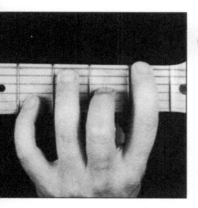

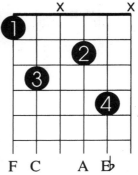

F C A E♭

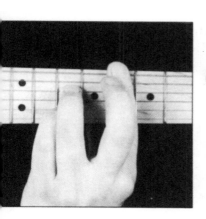

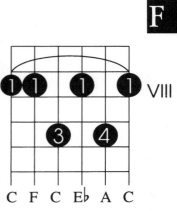

VIII

C F C E♭ A C

F7sus4

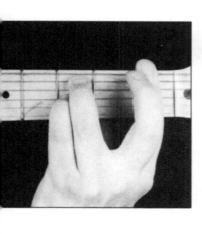

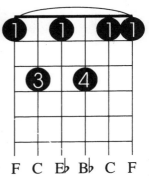

F C E♭ B♭ C F

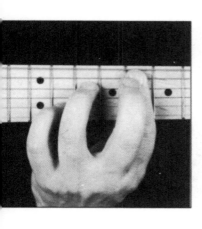

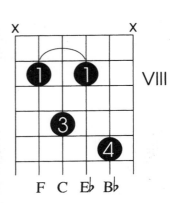

VIII

F C E♭ B♭

125

F7♭5

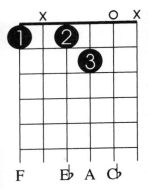

F   E♭   A   C♭

F

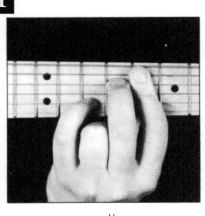

VII

F   C♭   E♭   A

F7♯5

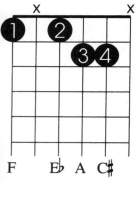

F   E♭   A   C♯

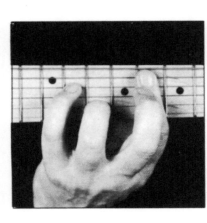

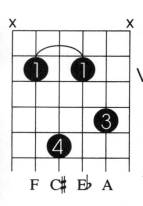

VIII

F   C♯   E♭   A

F9

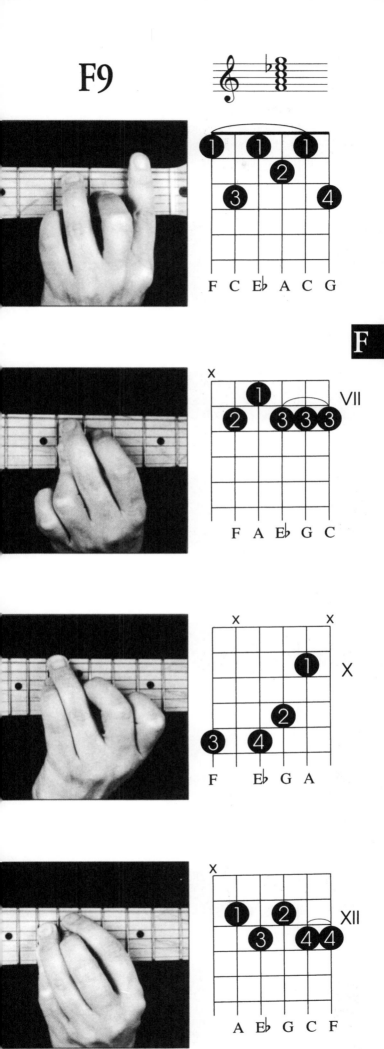

F9sus4

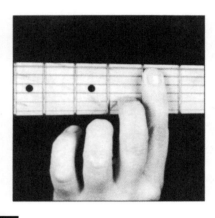

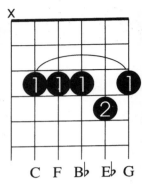

C F Bb Eb G

F

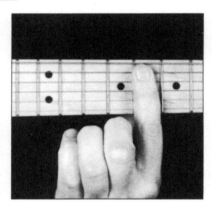

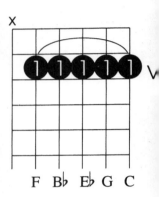

V

F Bb Eb G C

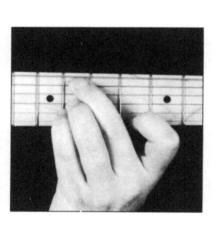

V

F Eb G Bb

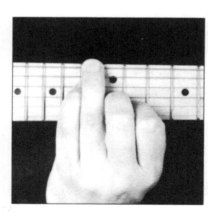

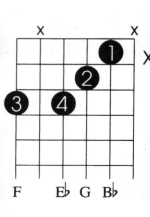

XI

F Eb G Bb

F9♭5

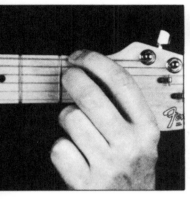
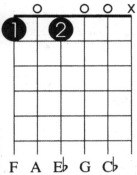

F A E♭ G C♭

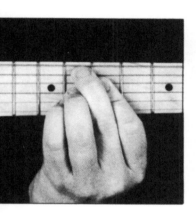
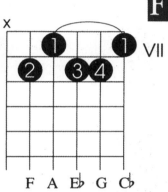

VII

F A E♭ G C♭

F9♯5

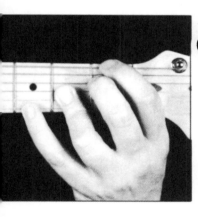
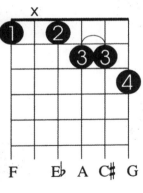

F E♭ A C♯ G

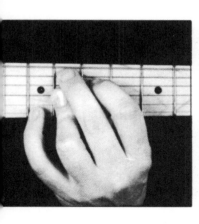
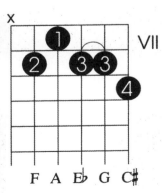

VII

F A E♭ G C♯

F13

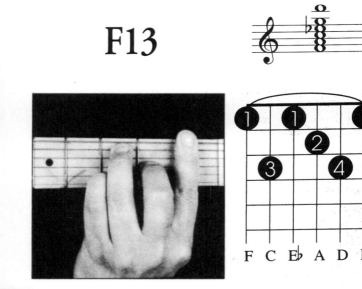

F C Eb A D F

F

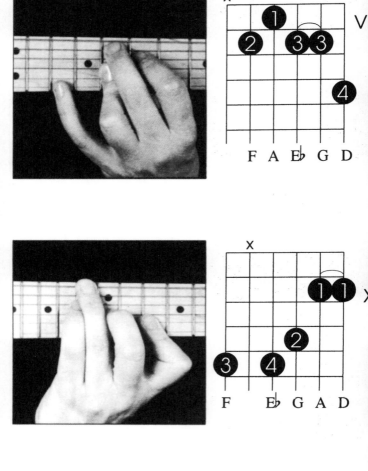

F A Eb G D

x — V

F Eb G A D

x — X

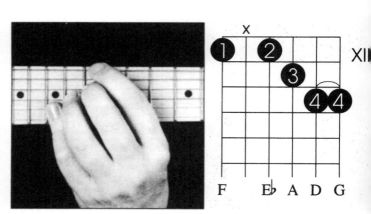

F Eb A D G

x — XI

130

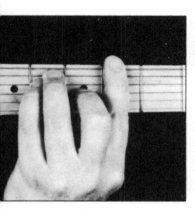

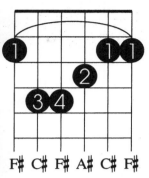

F# C# F# A# C# F#

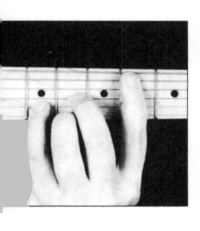

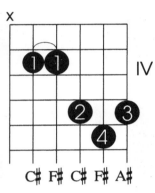

IV

C# F# C# F# A#

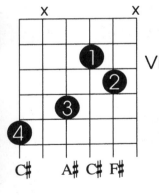

VI

C# A# C# F#

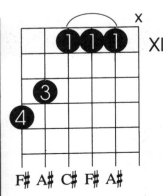

XI

F# A# C# F# A#

F#

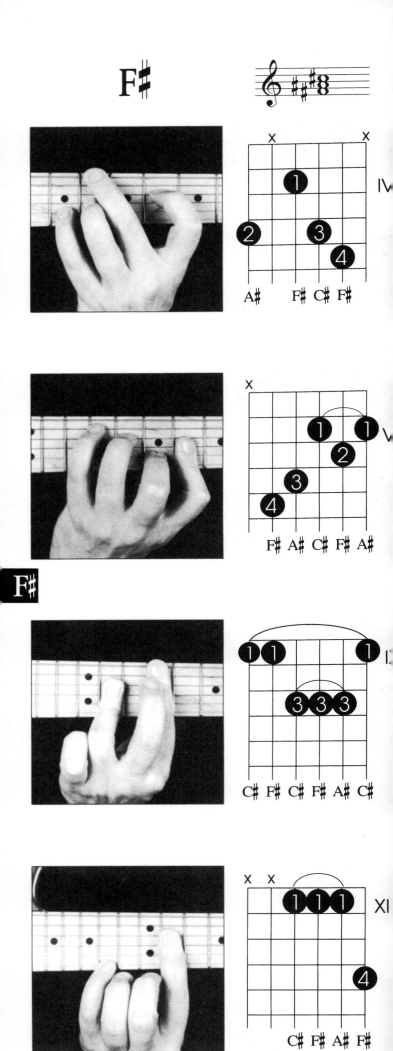

IV

A# F# C# F#

V

F# A# C# F# A#

C# F# C# F# A# C#

XI

C# F# A# F#

F#sus4

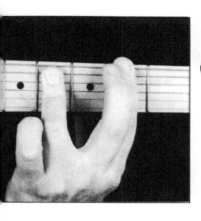

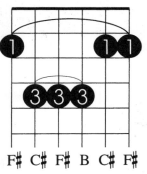

F# C# F# B C# F#

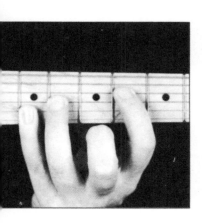

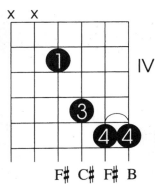

x x

IV

F# C# F# B

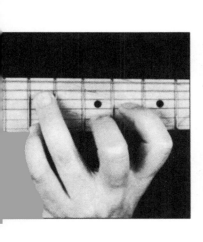

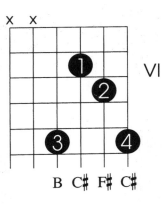

x x

VI

B C# F# C#

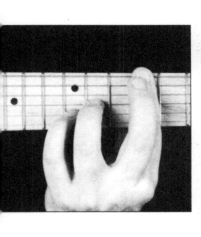

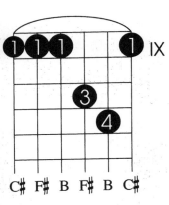

IX

C# F# B F# B C#

F#6

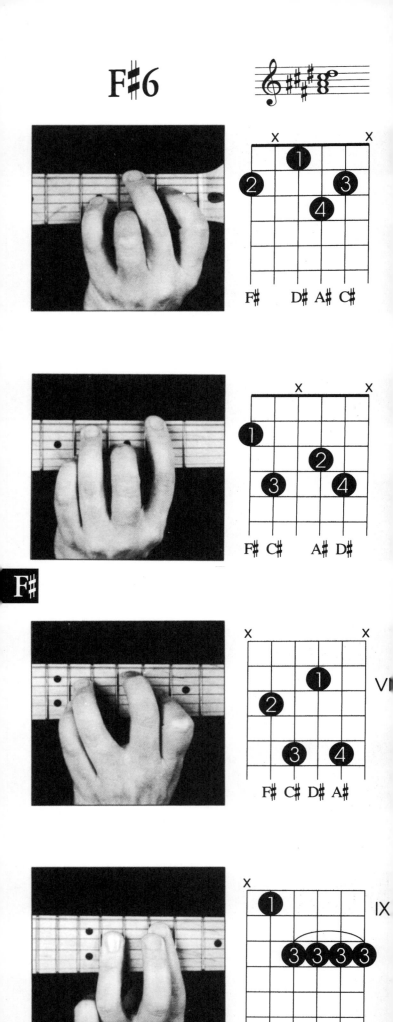

F#6/9

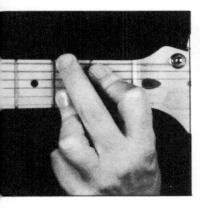

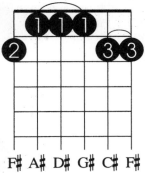

F# A# D# G# C# F#

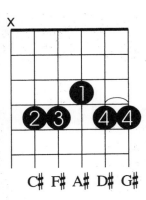

x

C# F# A# D# G#

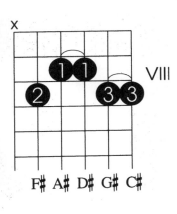

x VIII

F# A# D# G# C#

F#

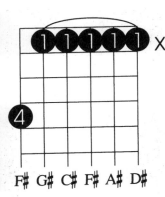

XI

F# G# C# F# A# D#

F#maj7

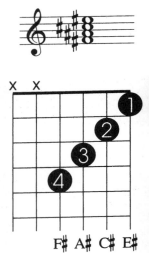

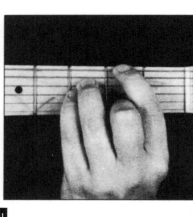

F# A# C# E#

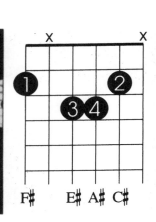

F# E# A# C#

F# A# C# E# A#

V

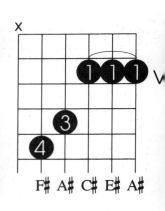

C# F# C# E# A# C#

IX

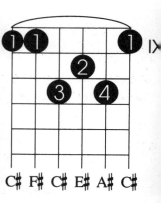

136

F#maj9

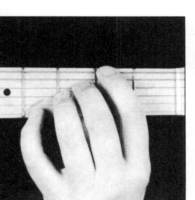

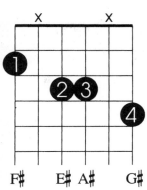

F#   E# A#   G#

VI

F# G# C# E# A#

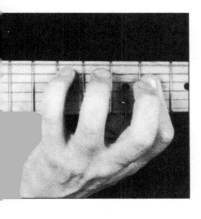

F#maj13

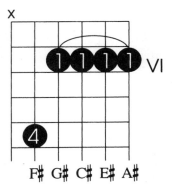

F# A# D# G# C# E#

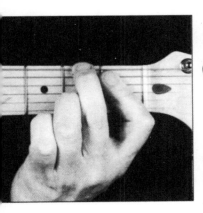

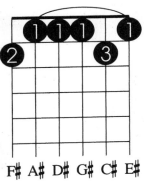

IX

F#   E# A# D#

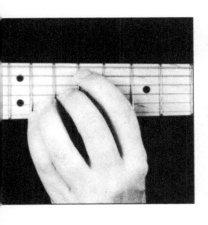

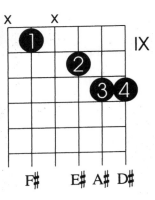

F#m

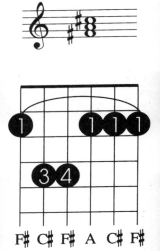

F# C# F# A C# F#

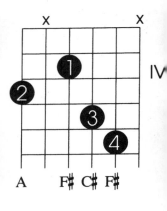

IV

A F# C# F#

F#

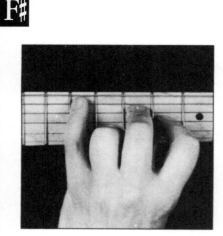

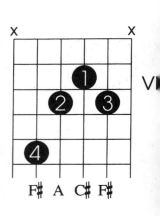

VI

F# A C# F#

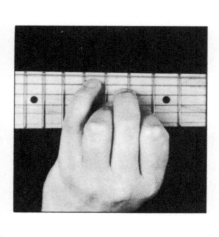

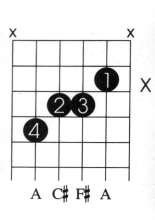

X

A C# F# A

138

F#m

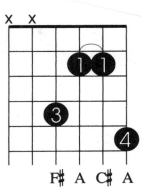

x x

F# A C# A

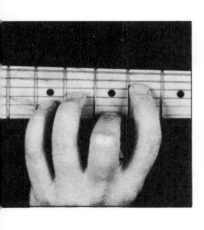

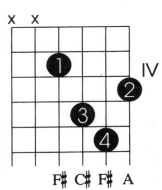

x x

IV

F# C# F# A

F#

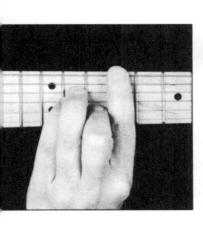

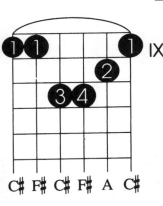

IX

C# F# C# F# A C#

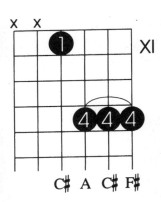

x x

XI

C# A C# F#

F#m6

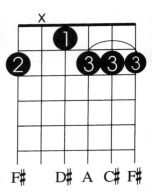

F# D# A C# F#

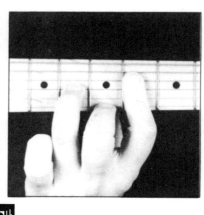

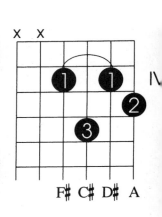

IV

F# C# D# A

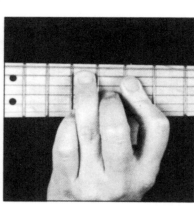

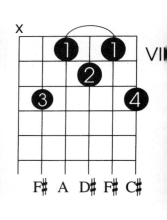

VII

F# A D# F# C#

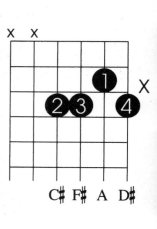

X

C# F# A D#

140

F#m7

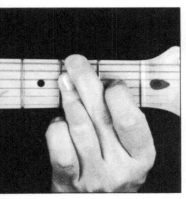

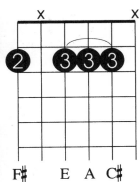

F# E A C#

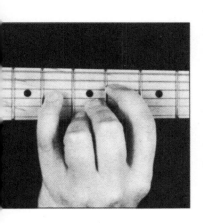

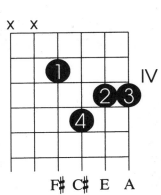

IV

F# C# E A

F#

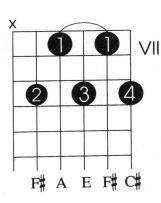

VII

F# A E F# C#

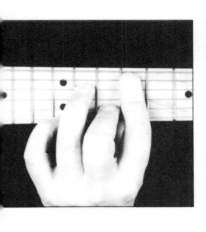

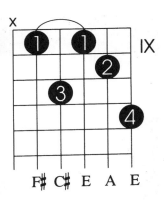

IX

F# C# E A E

F#m(maj7)

F# C# E# A C# F#

x x

IV

F# C# E# A

F#m9

o   x

F# A E G# C#

x   x

VII

F# A E G#

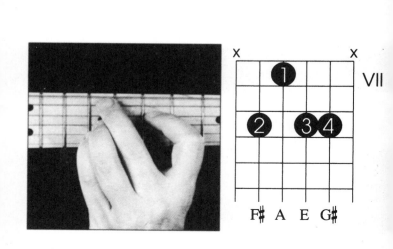

142

F#m11

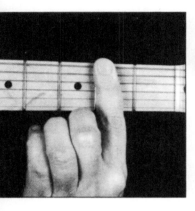

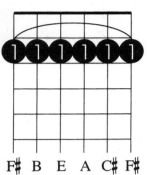

F# B E A C# F#

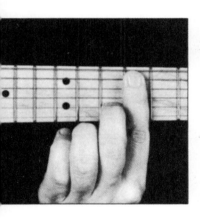

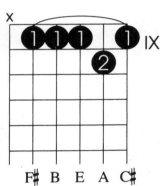

IX

F# B E A C#

F#m13

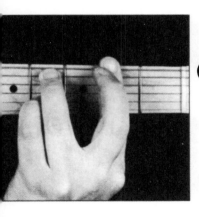

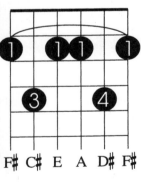

F# C# E A D# F#

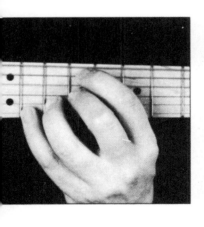

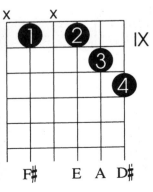

IX

F# E A D#

F#m7♭5

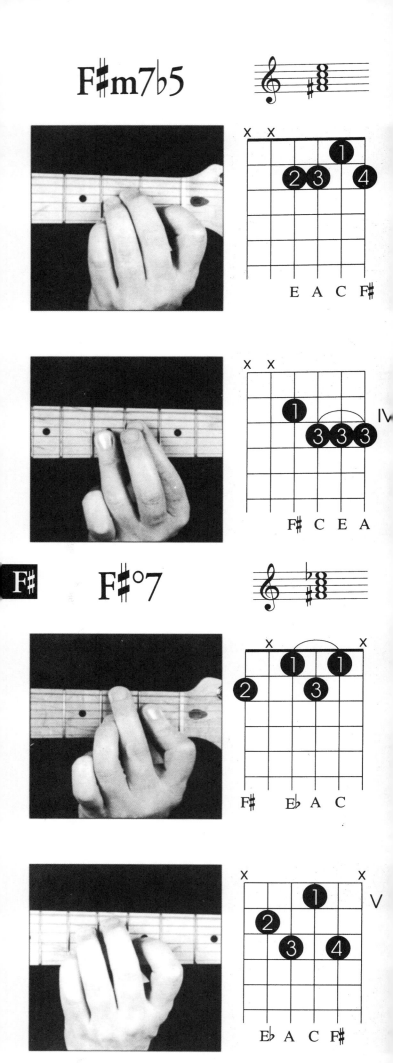

E A C F#

F# C E A

IV

F#   F#°7

F#   E♭ A C

E♭ A C F#

V

F#7

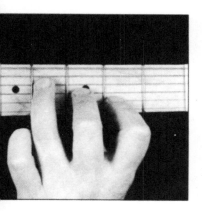
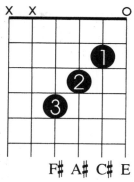

F# A# C# E

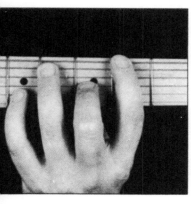
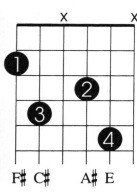

F# C#   A# E

F#

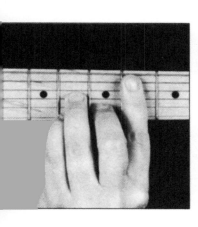
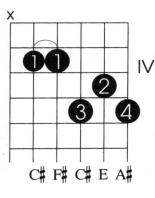

IV

C# F# C# E A#

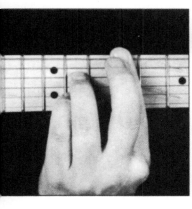
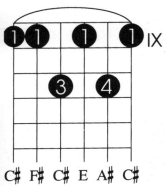

IX

C# F# C# E A# C#

F#7

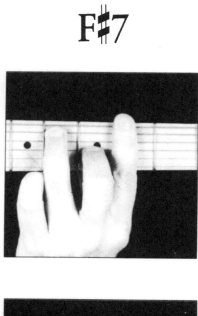

F# C# E A# C# F#

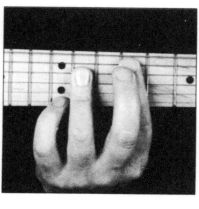

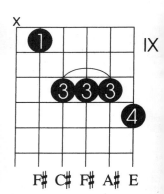

X   IX

F# C# F# A# E

F#   F#7sus4

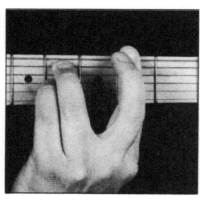

F# C# E B C# F#

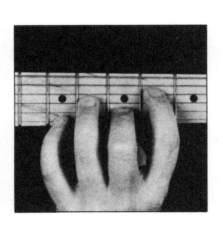

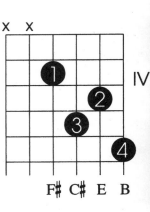

X   X   IV

F# C# E B

146

F#7b5

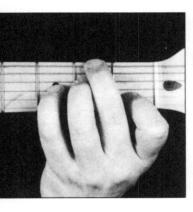

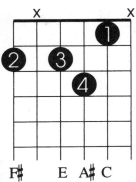

F#   E   A# C

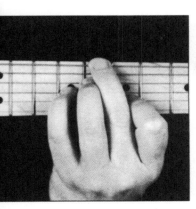

C   A#   E   F#   VII

F#7#5

F#

F#   E   A# Cx

E   A# Cx   F#   VII

F#9

X
① ②
③ ④ ④

A# E G# C# F#

X X
①
② ③
④

F# A# E G#

F#

X
①
② ③ ③ ③

F# A# E G# C#

V

X X
①
②
③ ④

F# E G# A#

XI

F#9sus4

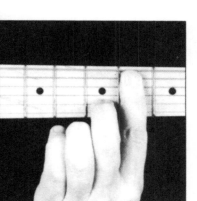

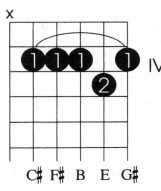
IV

C# F# B E G#

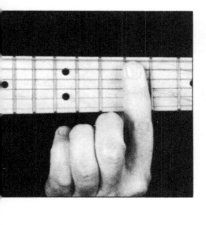

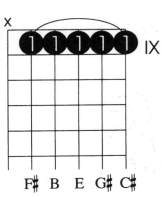
IX

F# B E G# C#

F#

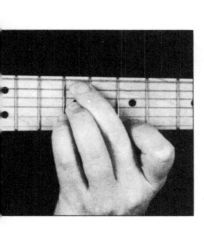

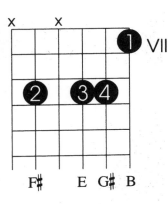
VII

F# E G# B

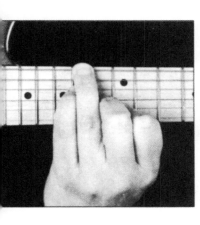

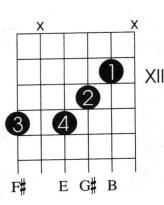
XII

F# E G# B

149

F#9♭5

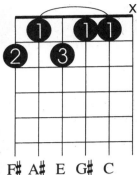

F# A# E G# C

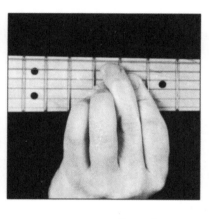

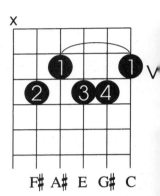

F# A# E G# C

V

F#9#5

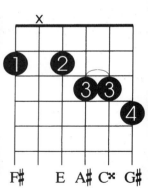

F#　E A# C× G#

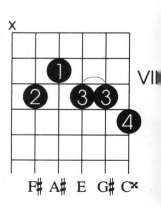

F# A# E G# C×

VII

F#13

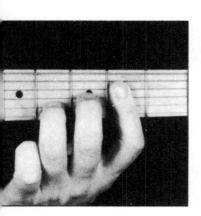

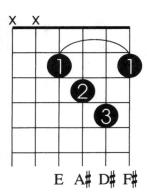

E A# D# F#

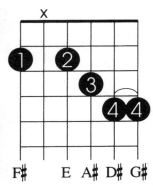

F# E A# D# G#

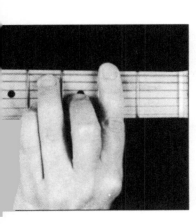

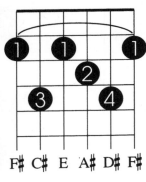

F# C# E A# D# F#

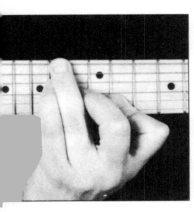

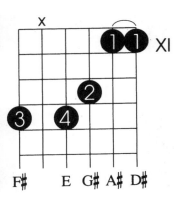

XI

F# E G# A# D#

G

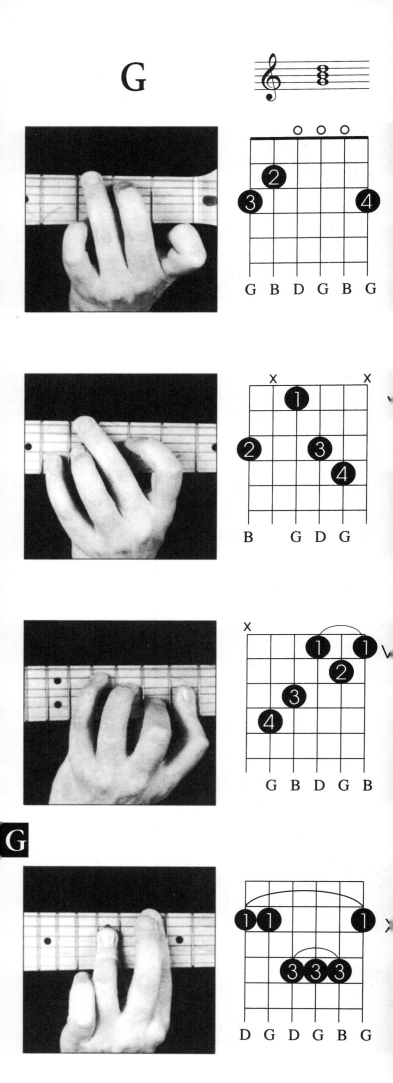

G

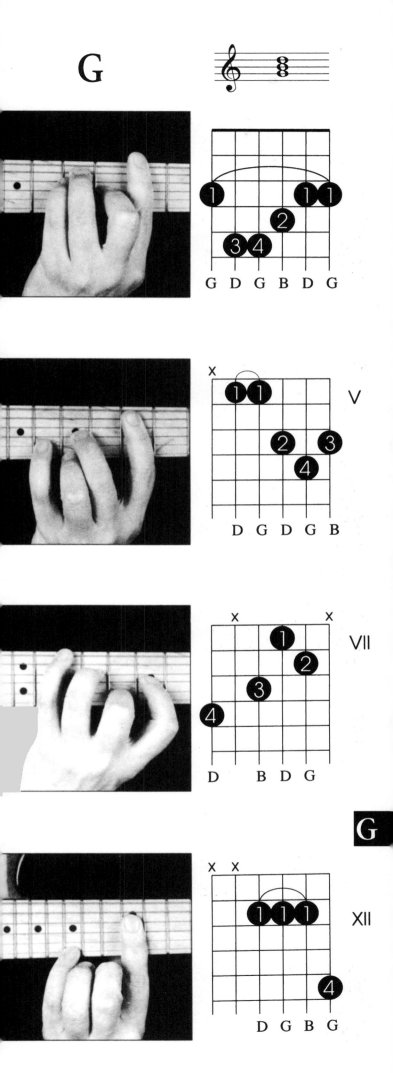

G D G B D G

V
D G D G B

VII
D B D G

G

XII
D G B G

Gsus4

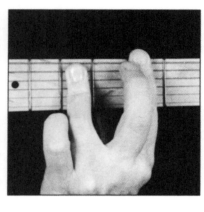

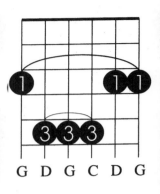

G D G C D G

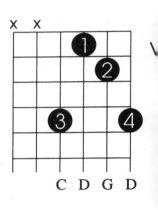

C D G D

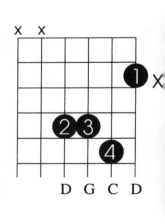

D G C D

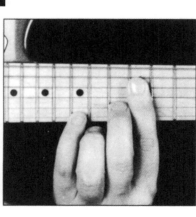

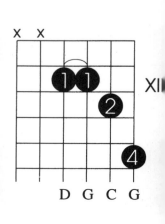

D G C G

154

G6

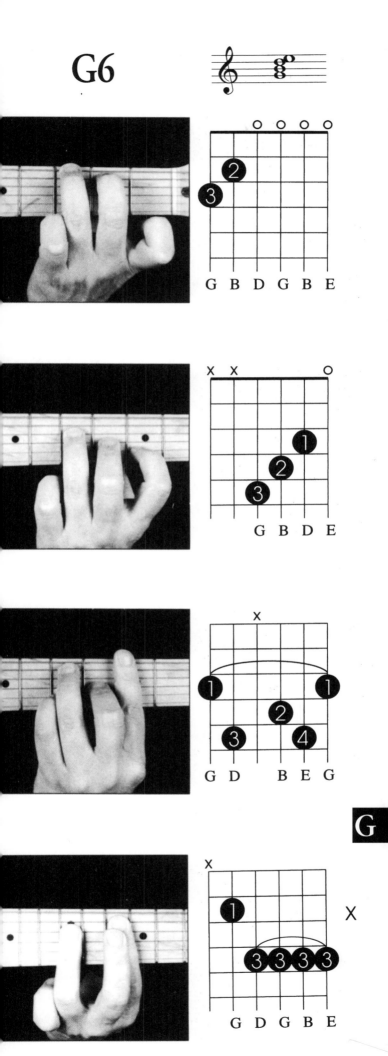

G6/9

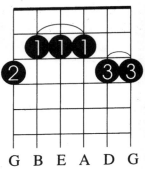

G B E A D G

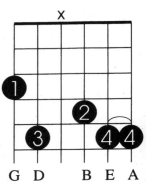

G D B E A

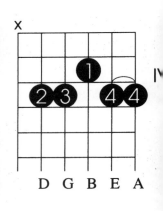

D G B E A

G

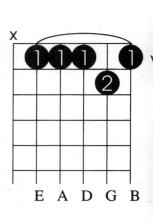

E A D G B

Gmaj7

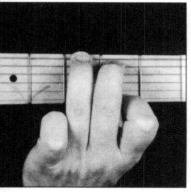

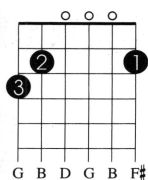

G B D G B F#

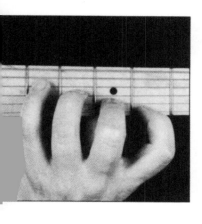

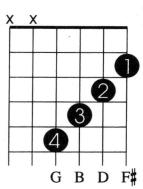

G B D F#

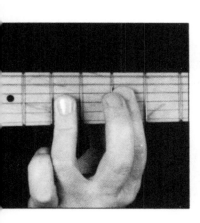

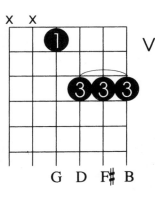

G D F# B

G

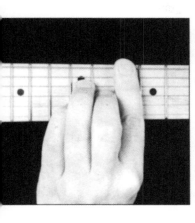

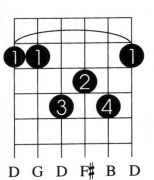

D G D F# B D

Gmaj9

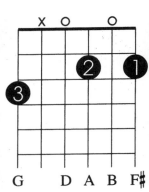

G　　D　A　B　F#

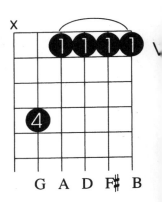

G　A　D　F#　B

Gmaj13

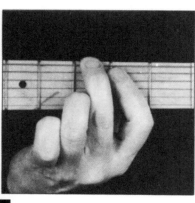

G　B　E　A　D　F#

G

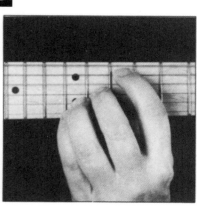

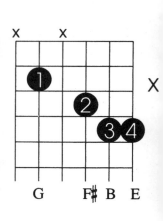

G　　　F#　B　E

Gm

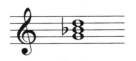

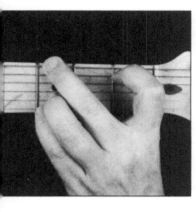

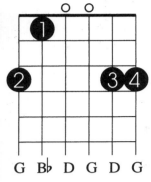

G Bb D G D G

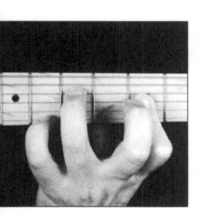

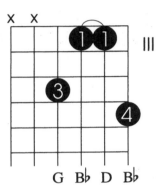

III

G Bb D Bb

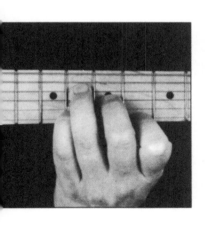

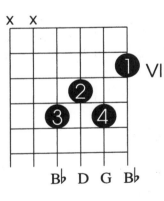

VI

Bb D G Bb

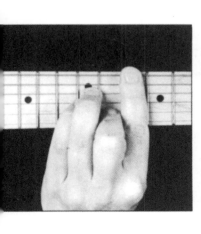

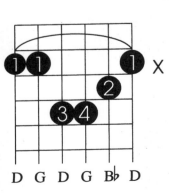

X

D G D G Bb D

Gm

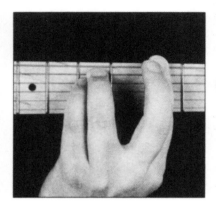

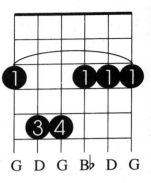

G D G Bb D G

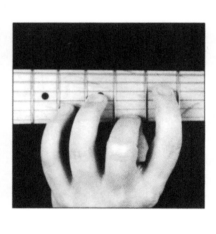

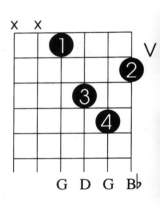

V

G D G Bb

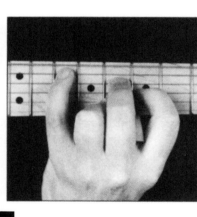

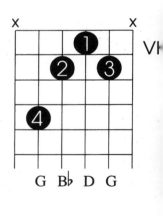

VI

G Bb D G

G

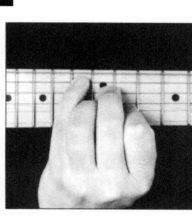

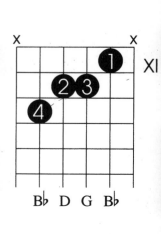

XI

Bb D G Bb

160

Gm6

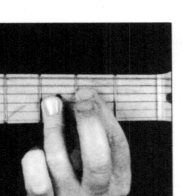

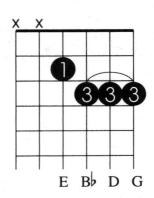

E B♭ D G

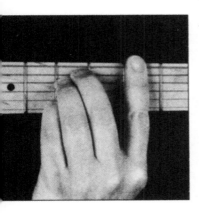

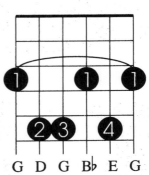

G D G B♭ E G

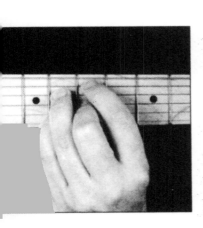

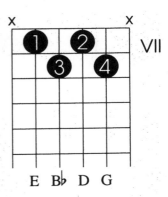

VII

E B♭ D G

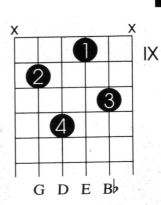

IX

G D E B♭

Gm7

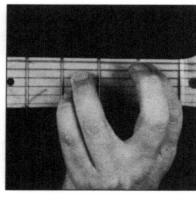

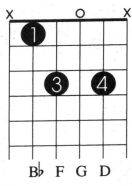

B♭ F G D

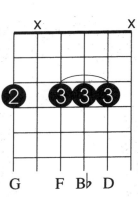

G F B♭ D

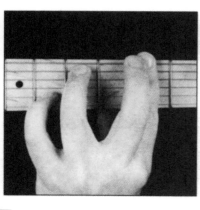

G D F B♭ F G

G

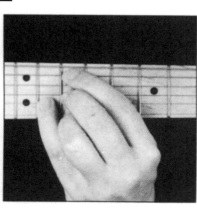

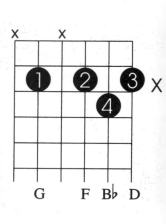

G F B♭ D

Gm(maj7)

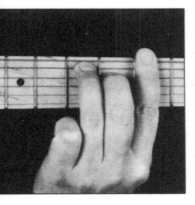

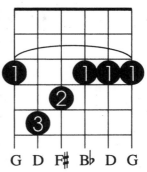

G D F♯ B♭ D G

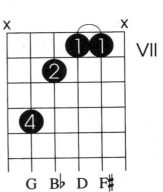

VII

G B♭ D F♯

Gm9

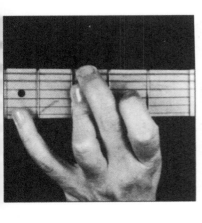

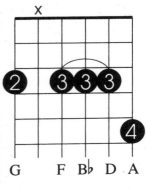

G F B♭ D A

G

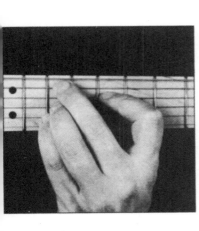

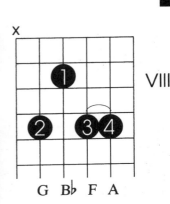

VIII

G B♭ F A

Gm11

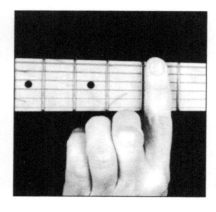

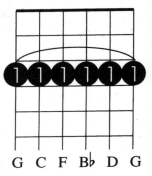

G C F B♭ D G

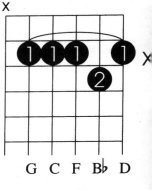

G C F B♭ D

Gm13

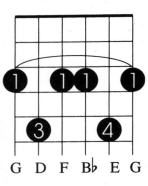

G D F B♭ E G

G

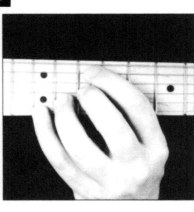

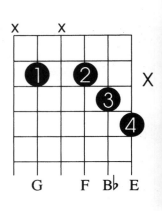

G F B♭ E

Gm7♭5

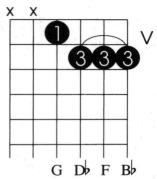

G D♭ F B♭

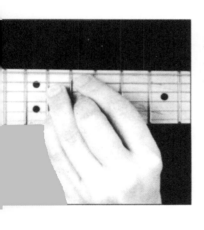

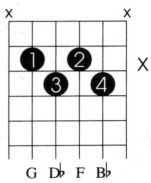

G D♭ F B♭

G°7

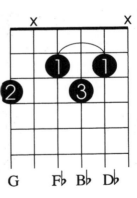

G F♭ B♭ D♭

G

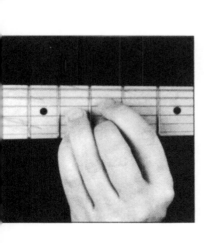

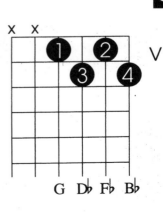

G D♭ F♭ B♭

G7

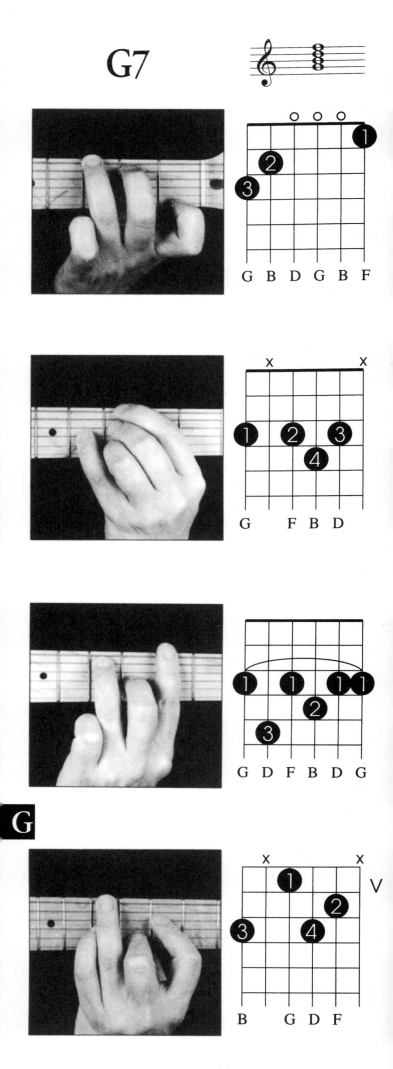

G   B   D   G   B   F

G   F   B   D

G   D   F   B   D   G

G

B   G   D   F

166

G7

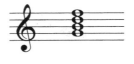

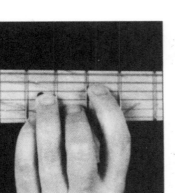

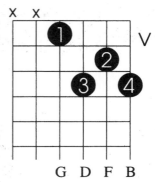

X X

1

2

3   4

V

G D F B

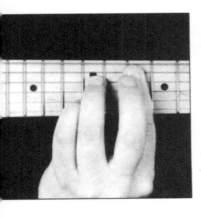

X

1   1   1

3   4

G D F B D

G7sus4

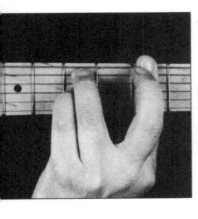

1   1   1 1

3   4

G D F C D G

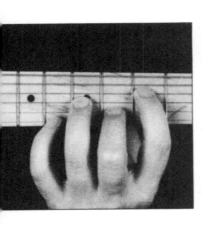

X X

1

2

3

4

V

G D F C

G

G7b5

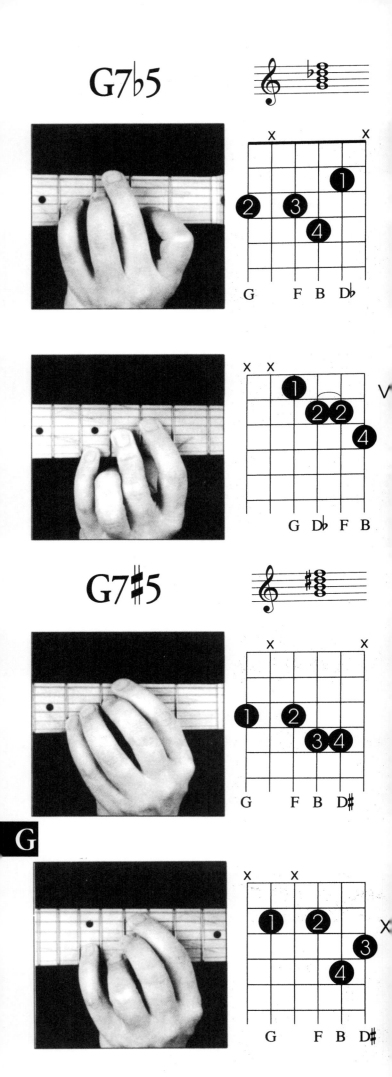

G7#5

168

G9

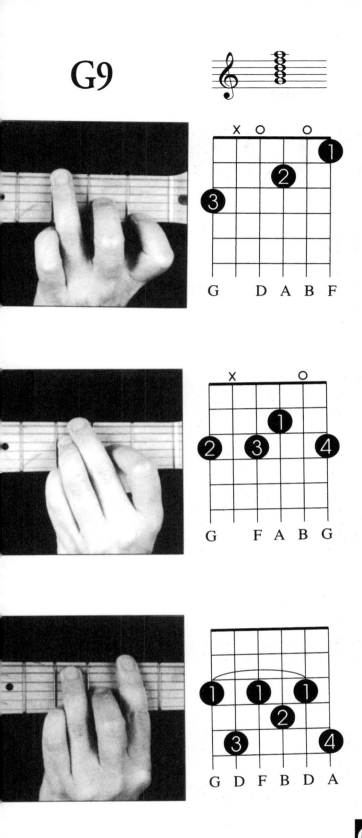

G D A B F

G F A B G

G D F B D A

G

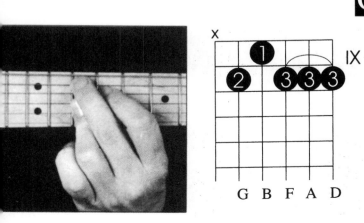

IX

G B F A D

G9sus4

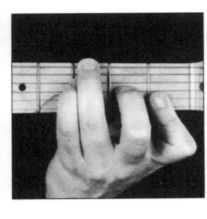

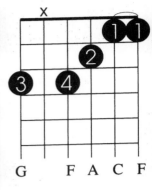

G   F A C F

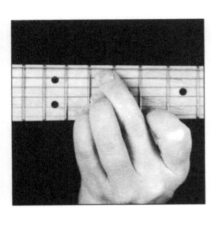

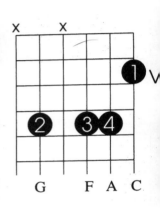

G   F A C

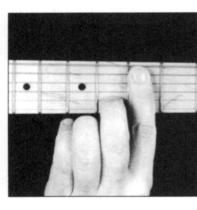

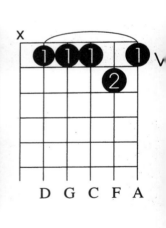

D G C F A

G

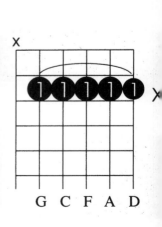

G C F A D

G9♭5

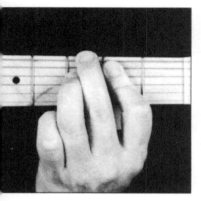

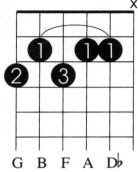

G B F A D♭

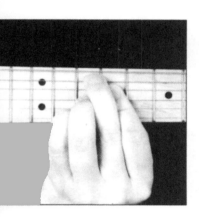

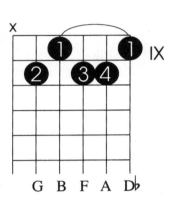

IX

G B F A D♭

G9♯5

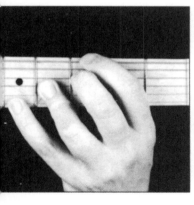

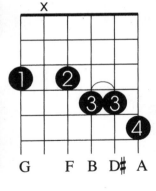

G F B D♯ A

G

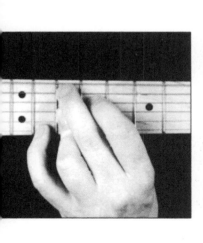

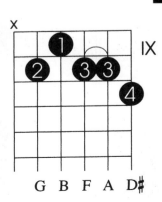

IX

G B F A D♯

G13

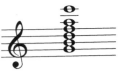

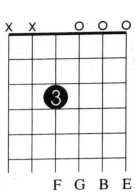

x x   O O O

3

F G B E

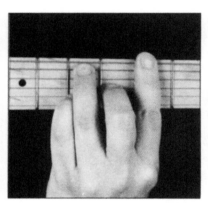

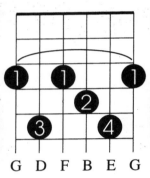

1 1 1

2

3 4

G D F B E G

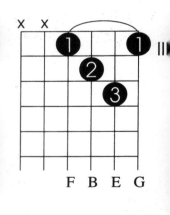

x x

1 1 III

2

3

F B E G

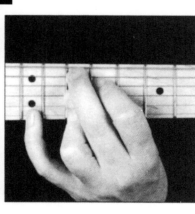

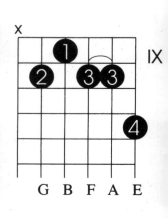

x

1

2 3 3 IX

4

G B F A E

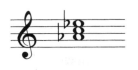

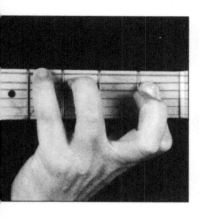 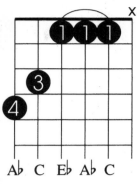

Ab C Eb Ab C

Ab Eb Ab C Eb Ab — IV

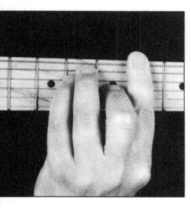 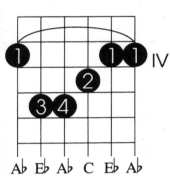

Eb Ab Eb Ab C — VI

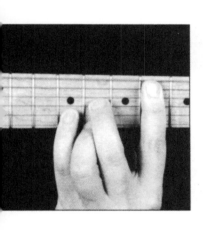 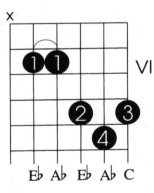

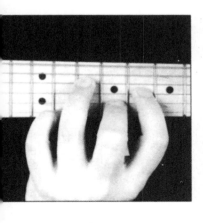 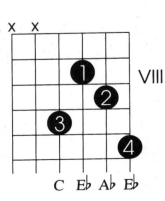

C Eb Ab Eb — VIII

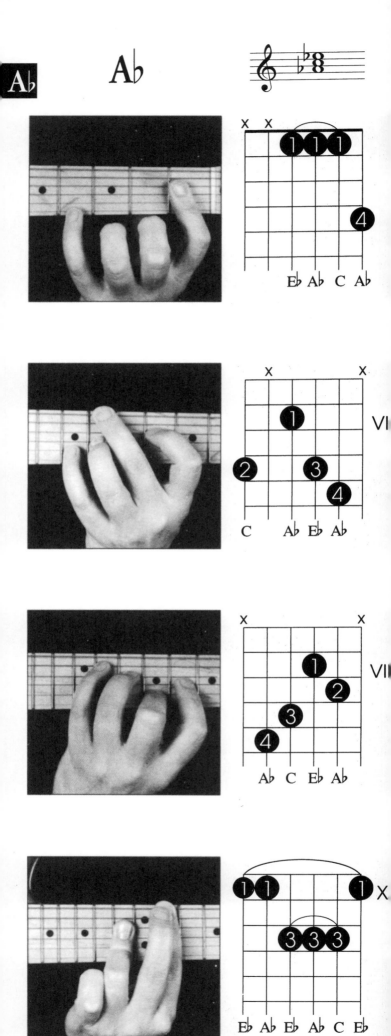

A♭sus4

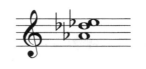

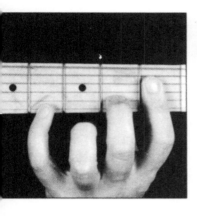

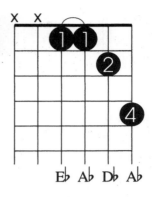

X X

Eb Ab Db Ab

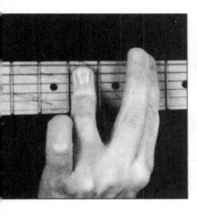

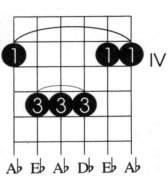

IV

Ab Eb Ab Db Eb Ab

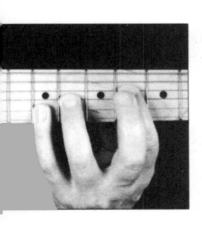

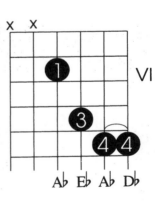

X X

VI

Ab Eb Ab Db

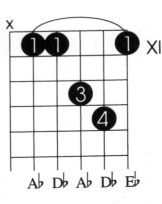

X

XI

Ab Db Ab Db Eb

175

Ab

Ab6

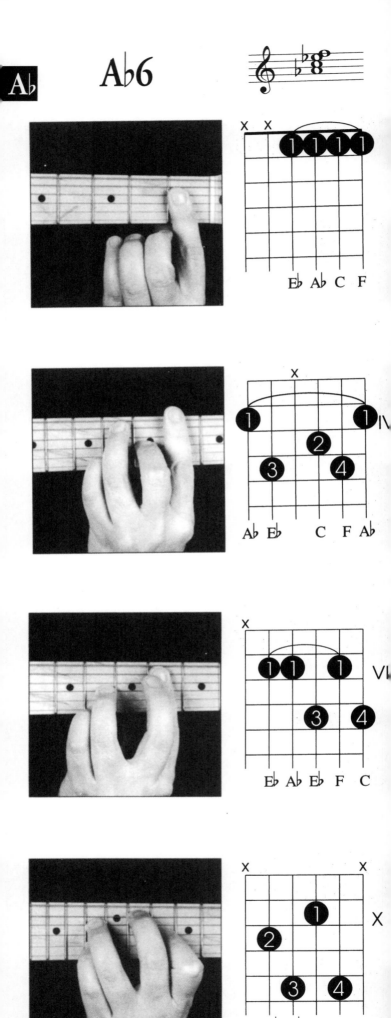

A♭6/9

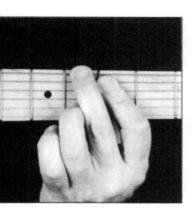
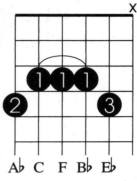

A♭ C F B♭ E♭

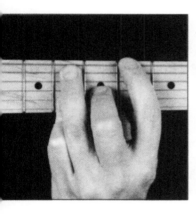
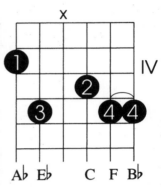

IV

A♭ E♭ C F B♭

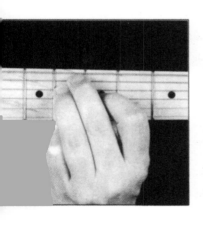
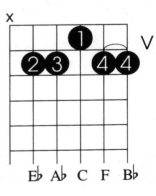

V

E♭ A♭ C F B♭

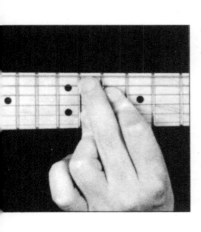
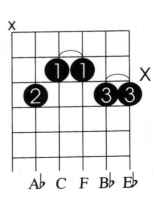

X

A♭ C F B♭ E♭

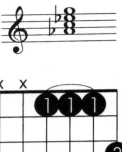

A♭ Abmaj7

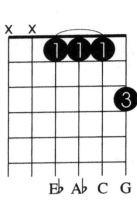

Eb Ab C G

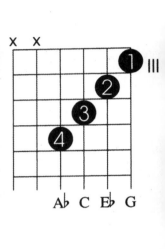

III

Ab C Eb G

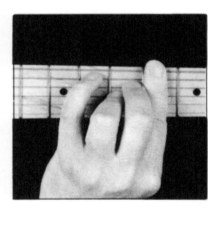

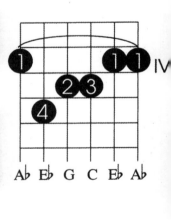

IV

Ab Eb G C Eb Ab

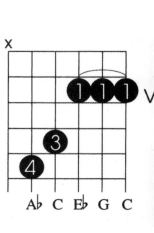

VI

Ab C Eb G C

Abmaj9

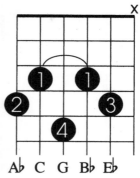

Ab C G Bb Eb

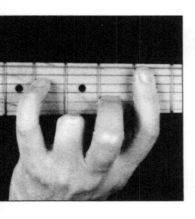

C Ab Bb Eb G

Abmaj13

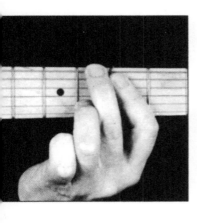

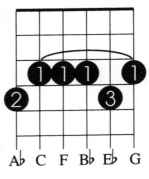

Ab C F Bb Eb G

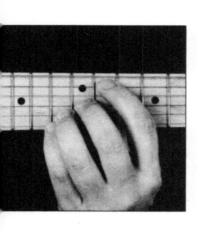

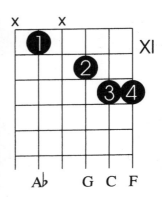

Ab G C F

Ab

Abm

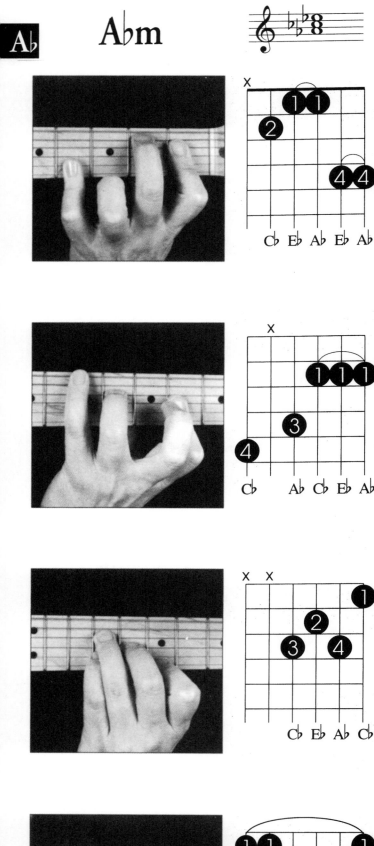

Cb Eb Ab Eb Ab

Cb Ab Cb Eb Ab

Cb Eb Ab Cb

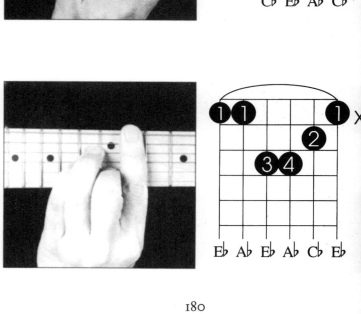

Eb Ab Eb Ab Cb Eb

A♭m

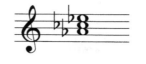

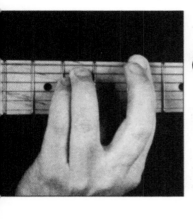

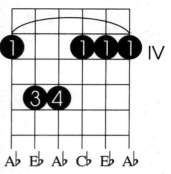

IV

A♭ E♭ A♭ C♭ E♭ A♭

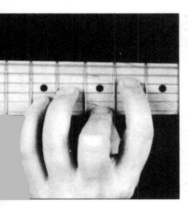

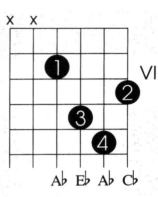

VI

A♭ E♭ A♭ C♭

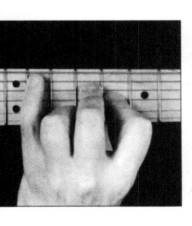

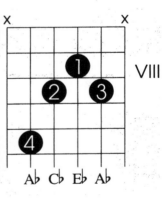

VIII

A♭ C♭ E♭ A♭

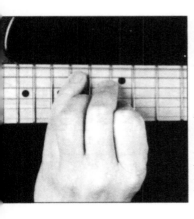

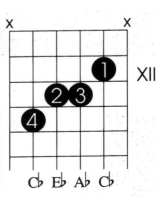

XII

C♭ E♭ A♭ C♭

Ab   Abm6

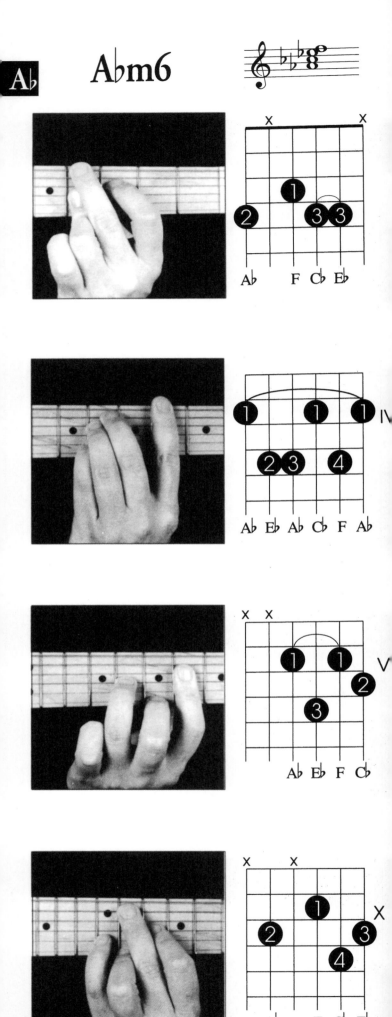

Abm7

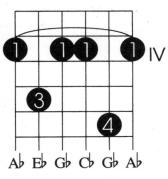

IV

Ab Eb Gb Cb Gb Ab

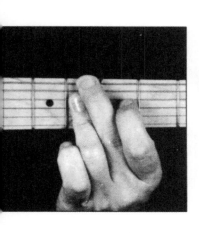

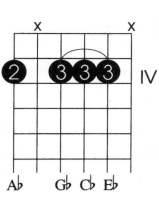

IV

Ab Gb Cb Eb

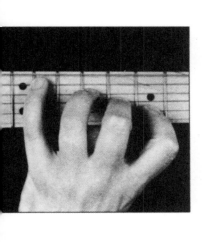

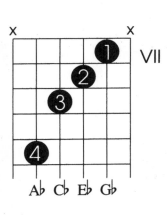

VII

Ab Cb Eb Gb

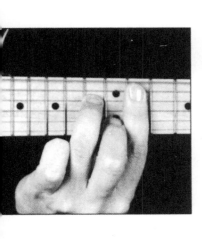

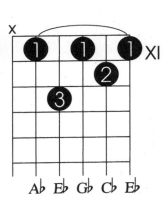

XI

Ab Eb Gb Cb Eb

Ab   Abm(maj7)

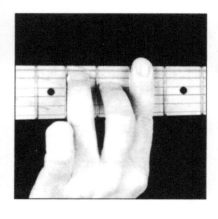

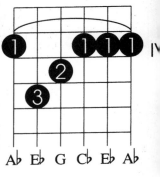

IV

Ab Eb G Cb Eb Ab

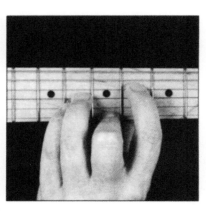

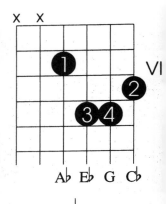

VI

Ab Eb G Cb

Abm9

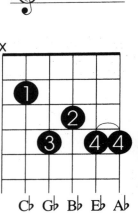

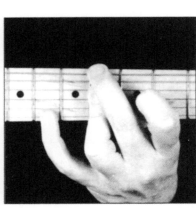

X

Cb Gb Bb Eb Ab

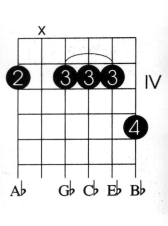

IV

Ab Gb Cb Eb Bb

A♭m11

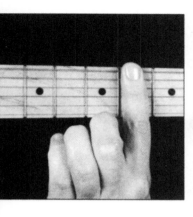
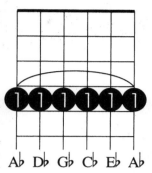

A♭ D♭ G♭ C♭ E♭ A♭

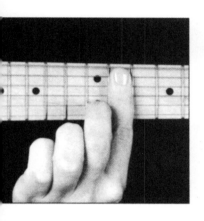
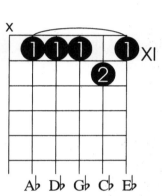

XI

A♭ D♭ G♭ C♭ E♭

A♭m13

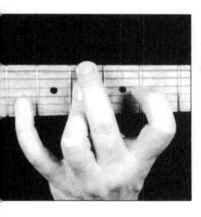
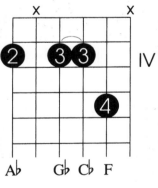

IV

A♭ G♭ C♭ F

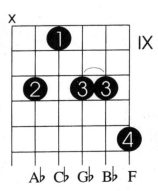

IX

A♭ C♭ G♭ B♭ F

Abm7b5

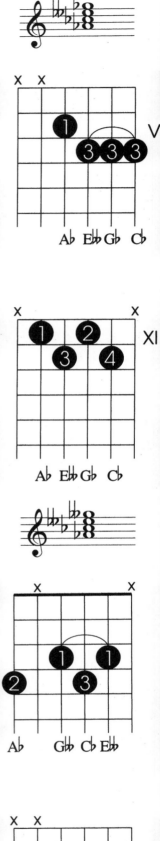

x x

V

Ab Ebb Gb Cb

x x

XI

Ab Ebb Gb Cb

Ab°7

Ab Gbb Cb Ebb

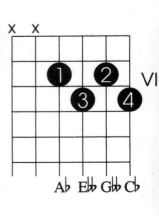

x x

VI

Ab Ebb Gbb Cb

A♭7

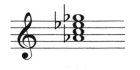

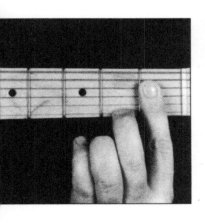

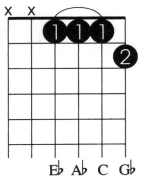

x x

E♭ A♭ C G♭

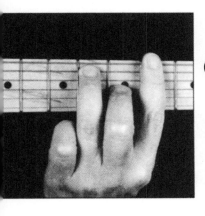

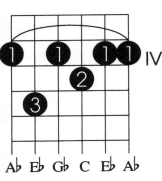

IV

A♭ E♭ G♭ C E♭ A♭

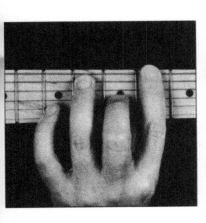

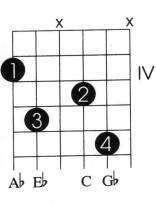

x x

IV

A♭ E♭ C G♭

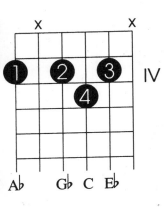

x x

IV

A♭ G♭ C E♭

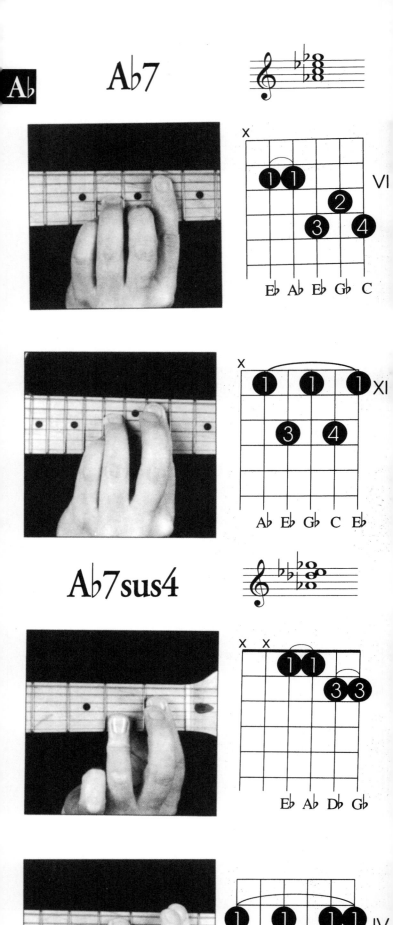

Ab

Ab7

Ab7sus4

Ab7b5

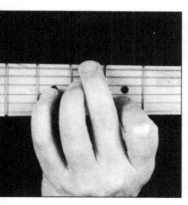

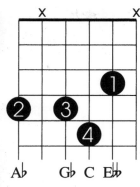

x   x

② ③
④

Ab   Gb C Ebb

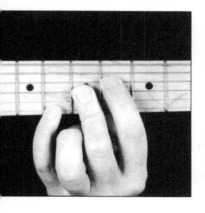

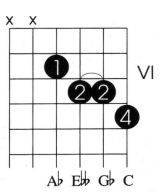

x x

①
② ②
④   VI

Ab Ebb Gb C

Ab7#5

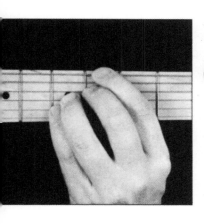

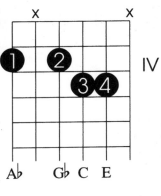

x   x

①   ②
③ ④   IV

Ab   Gb C E

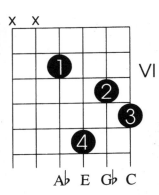

x x

①
②   VI
③
④

Ab E Gb C

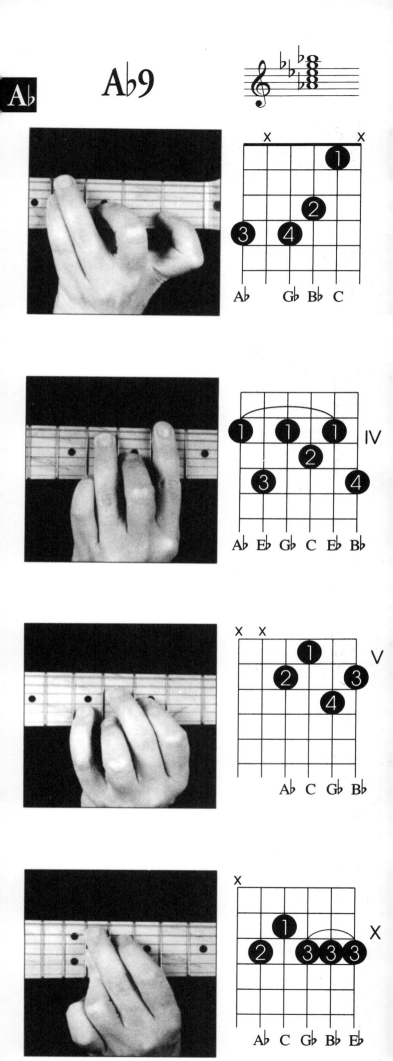

Ab

Ab9

Ab9sus4

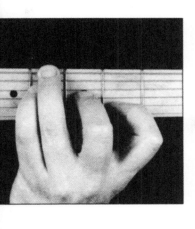
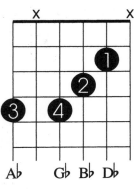

Ab   Gb Bb Db

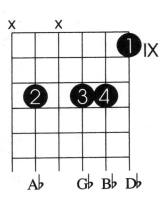

Ab   Gb Bb Db

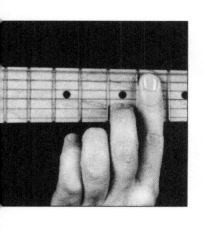
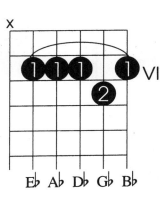

Eb Ab Db Gb Bb

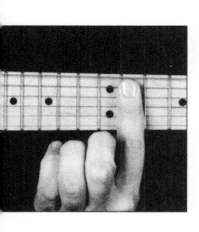
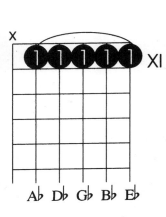

Ab Db Gb Bb Eb

A♭9♭5

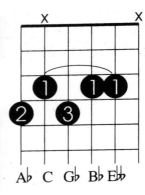

A♭ C G♭ B♭ E♭♭

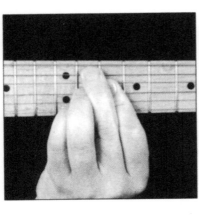
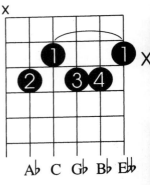

A♭ C G♭ B♭ E♭♭

A♭9♯5

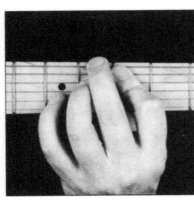
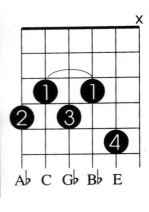

A♭ C G♭ B♭ E

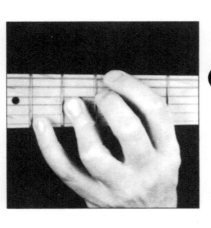
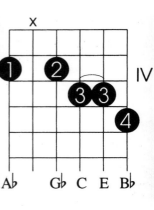

A♭ G♭ C E B♭

A♭13

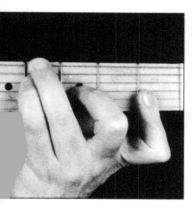
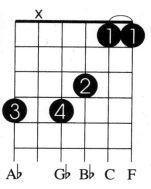

A♭   G♭ B♭ C F

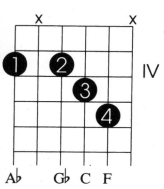

IV

A♭   G♭ C F

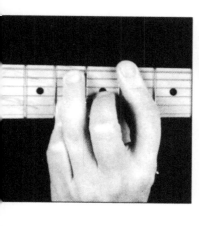
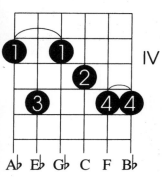

IV

A♭ E♭ G♭ C F B♭

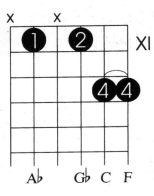

XI

A♭   G♭ C F

A

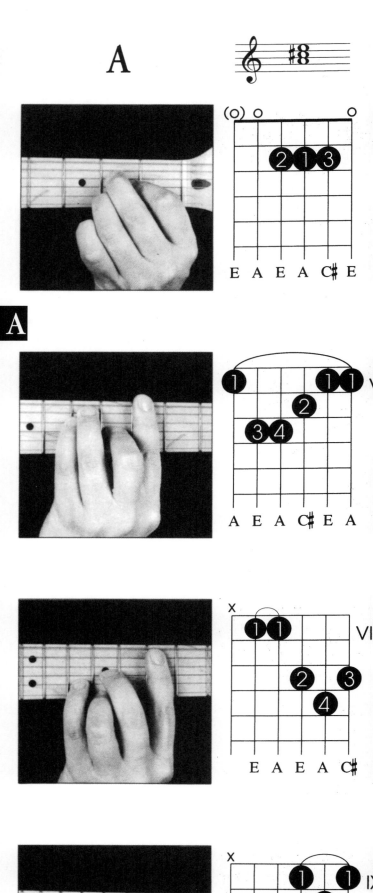

A

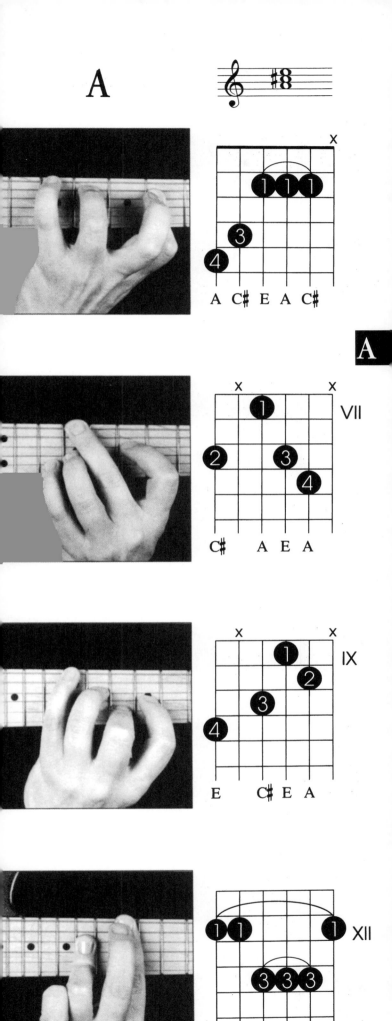

A6

(O) o

E A E A C# F#

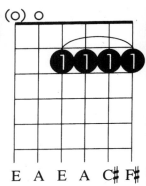

x   x   IV

A   F# C# E

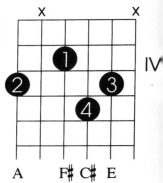

x   V

A E   C# F# A

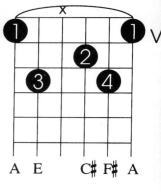

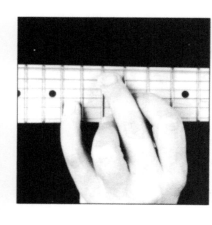

x   x   XI

A   F# C# E

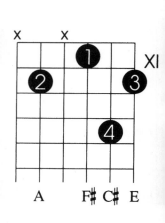

Asus4

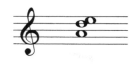

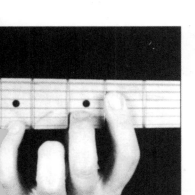

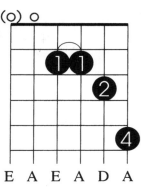

(O) o

E A E A D A

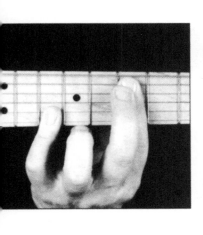

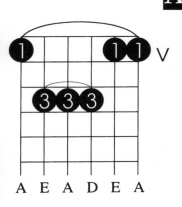

V

A E A D E A

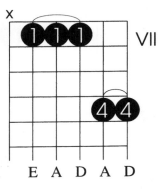

X

VII

E A D A D

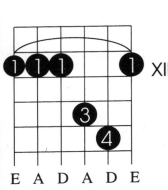

XII

E A D A D E

197

A6/9

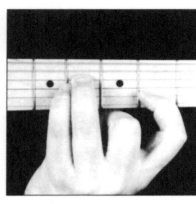

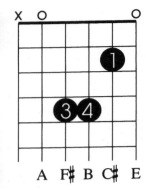

A F# B C# E

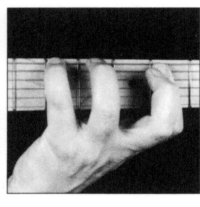

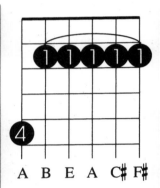

A B E A C# F#

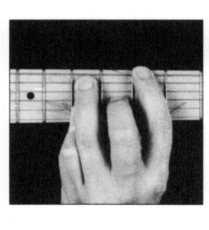

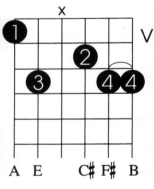

V

A E C# F# B

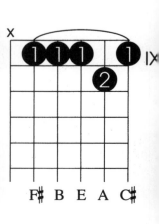

IX

F# B E A C#

Amaj7

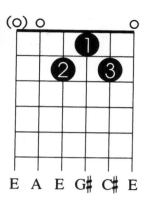

E A E G# C# E

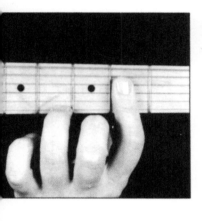
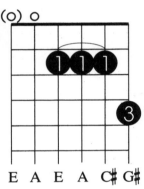

E A E A C# G#

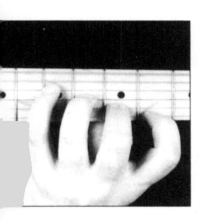
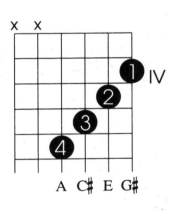

IV

A C# E G#

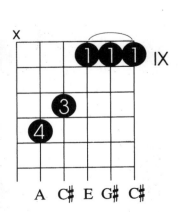

IX

A C# E G# C#

Amaj9

A E B C# G#

A

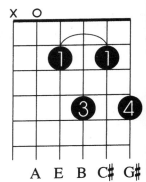

V

A G# C# B

Amaj13

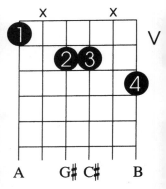

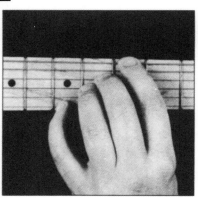

E A E G# C# F#

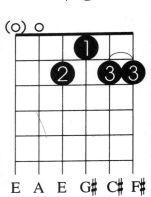

IV

A C# F# B E G#

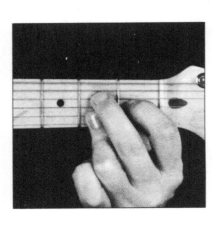

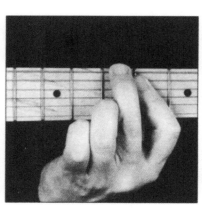

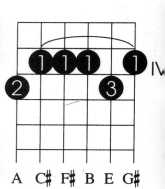

Am

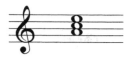

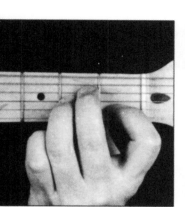

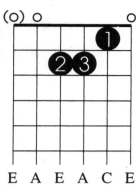

E A E A C E

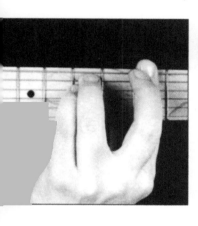

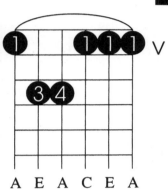

V

A E A C E A

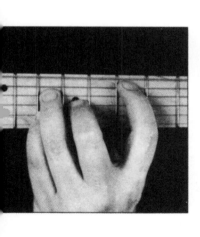

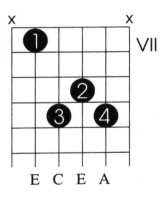

VII

E C E A

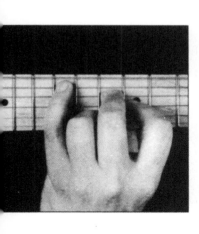

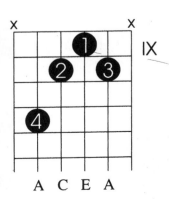

IX

A C E A

Am

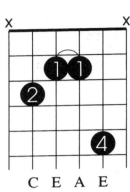

C E A E

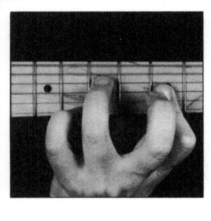

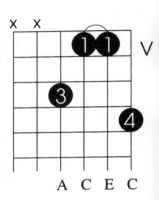

A C E C

V

A

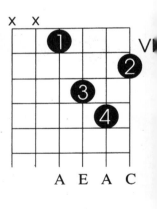

A E A C

V

E A E A C E

Am6

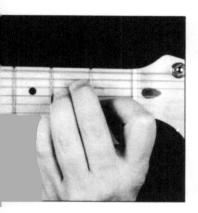

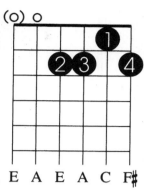

E A E A C F#

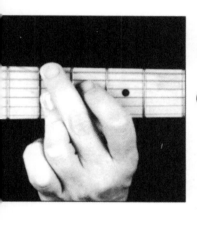

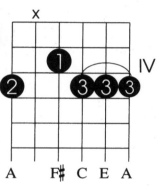

IV

A   F# C E A

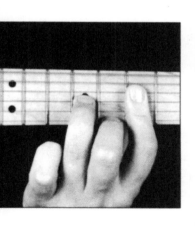

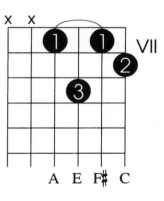

VII

A E F# C

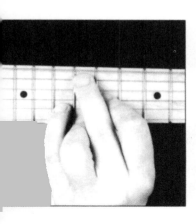

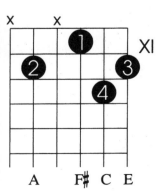

XI

A   F# C E

Am7

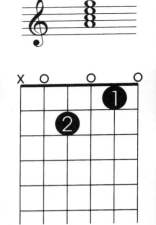

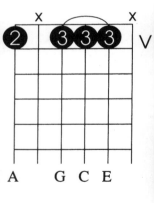

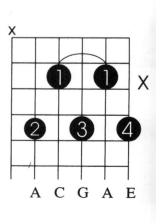

Am(maj7)

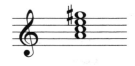

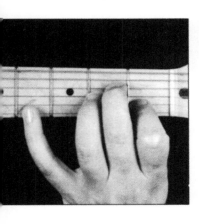

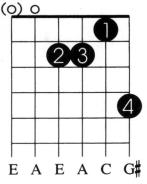

E A E A C G#

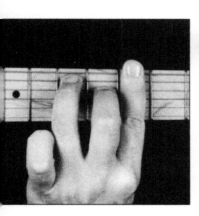

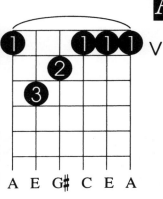

V

A E G# C E A

Am9

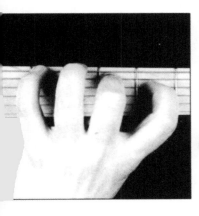

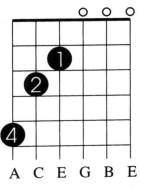

A C E G B E

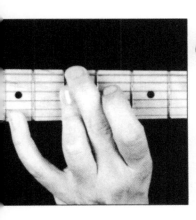

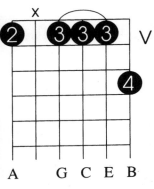

V

A G C E B

Am11

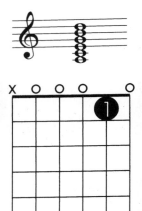

X O O O O
A D G C E

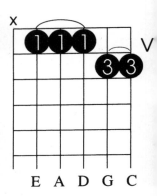

X
E A D G C

Am13

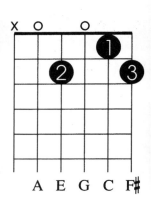

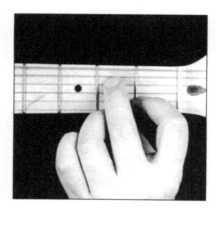

X O O
A E G C F#

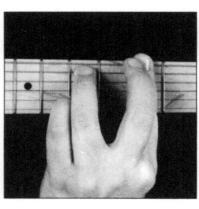

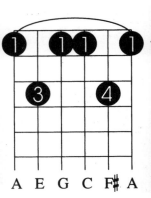

A E G C F# A

206

Am7♭5

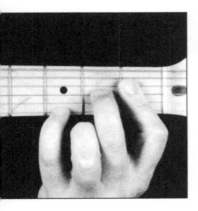

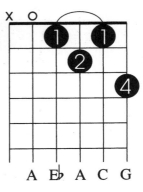

A E♭ A C G

VII

A E♭ G C

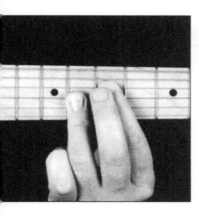

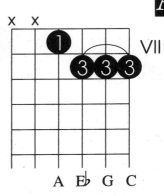

A E♭ A C G♭

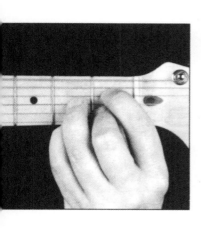

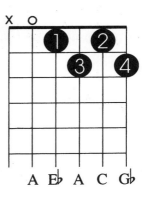

IV

A G♭ C E♭

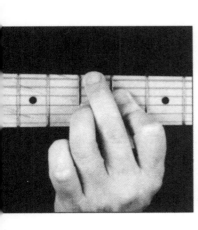

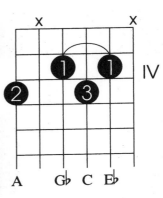

A7

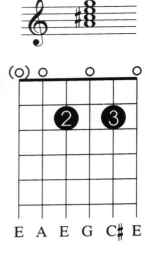

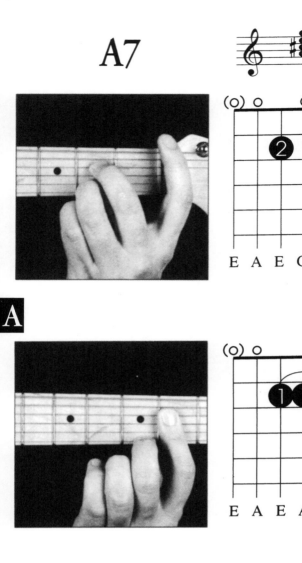

E A E G C♯ E

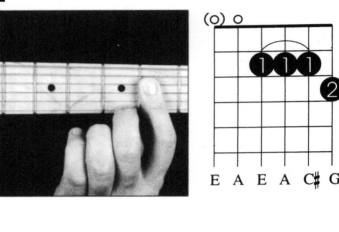

E A E A C♯ G

A E G C♯ E A

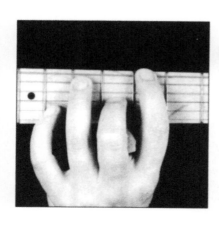
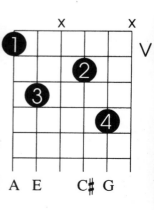

A E C♯ G

A7

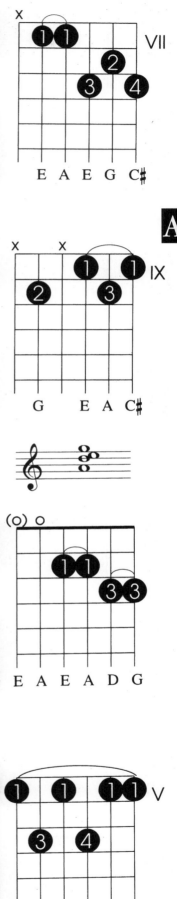

VII

E A E G C#

IX

G E A C#

A7sus4

(O) o

E A E A D G

V

A E G D E A

A7♭5

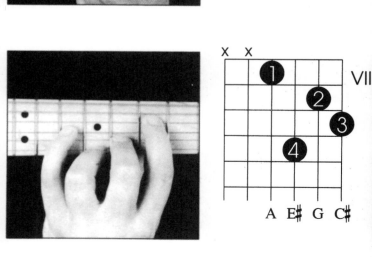

A E♭ A C♯ G

VI

E♭ A C♯ G

A7♯5

A G C♯ E♯

V

A E♯ G C♯

VII

A9

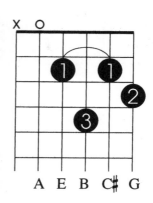

A E B C# G

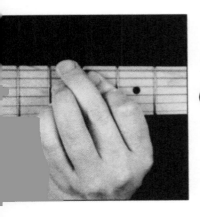

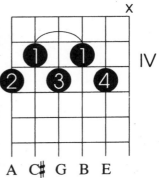

IV

A C# G B E

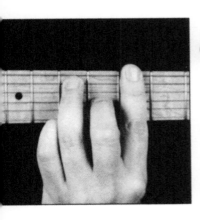

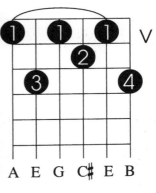

V

A E G C# E B

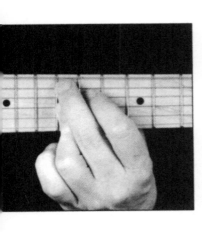

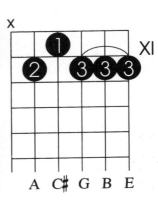

XI

A C# G B E

A9sus4

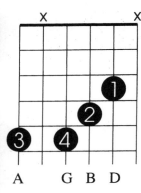

A G B D

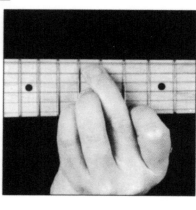

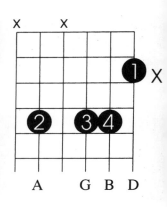

A G B D

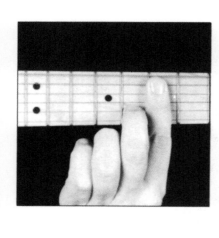

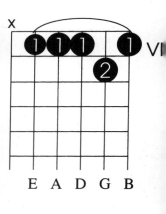

E A D G B

VI

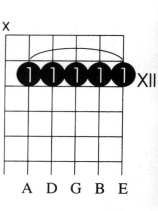

A D G B E

XII

A9♭5

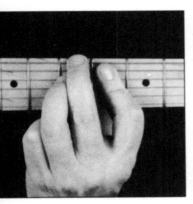

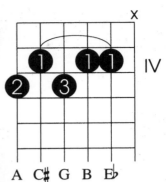

IV

A C♯ G B E♭

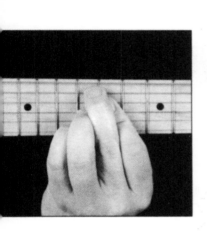

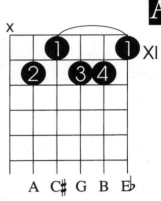

XI

A C♯ G B E♭

A9♯5

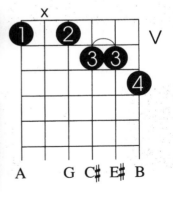

V

A G C♯ E♯ B

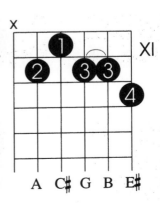

XI

A C♯ G B E♯

213

A13

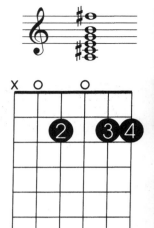

A E G C# F#

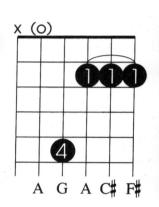

A G A C# F#

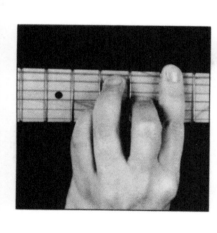

V

A E G C# F# A

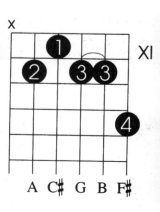

XI

A C# G B F#

B♭

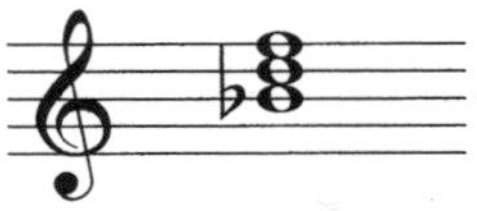

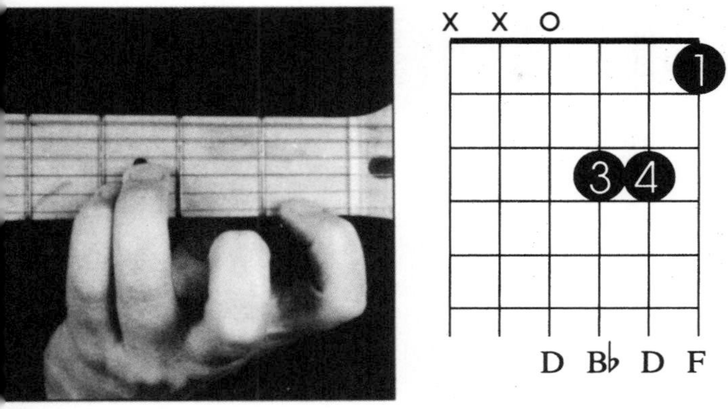

X X O

D B♭ D F

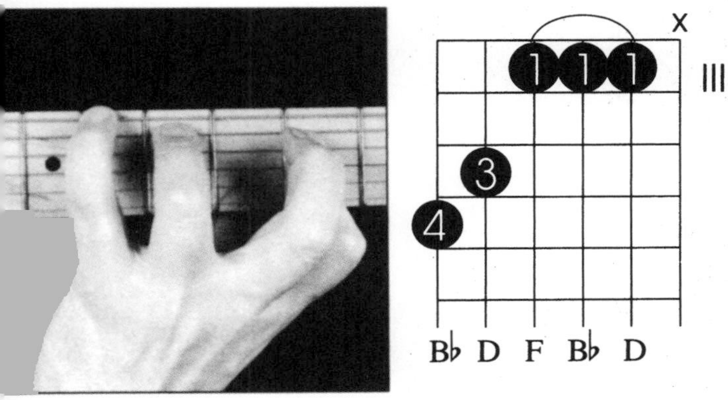

III

B♭ D F B♭ D

B♭

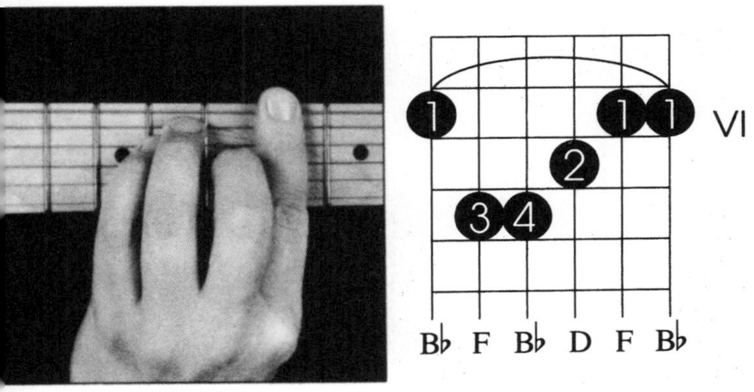

VI

B♭ F B♭ D F B♭

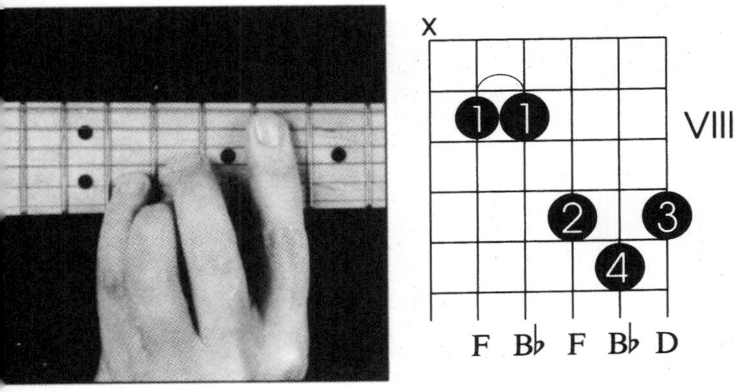

X

VIII

F B♭ F B♭ D

B♭

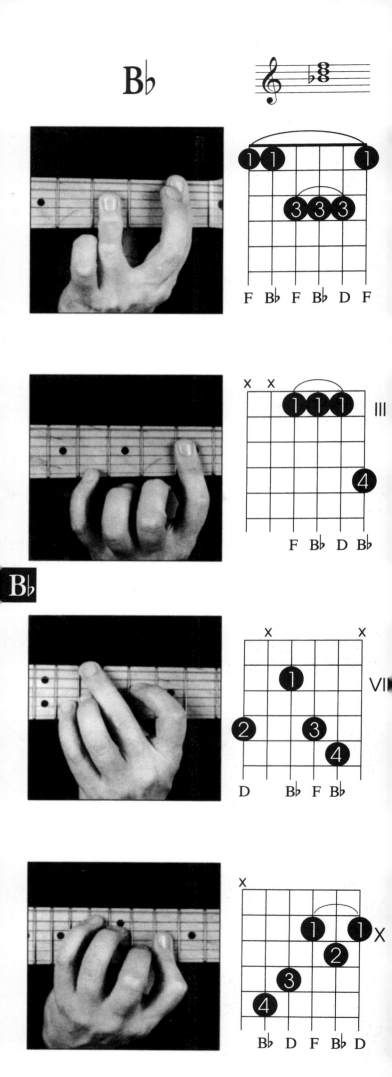

F B♭ F B♭ D F

III
F B♭ D B♭

VI
D B♭ F B♭

X
B♭ D F B♭ D

B♭sus4

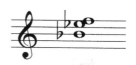

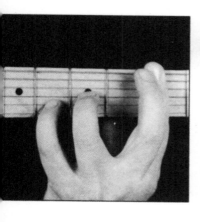

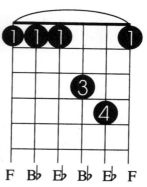

F B♭ E♭ B♭ E♭ F

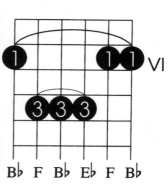

VI

B♭ F B♭ E♭ F B♭

B♭

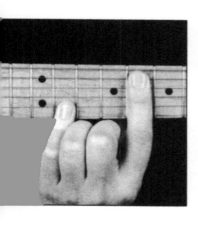

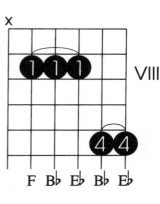

X

VIII

F B♭ E♭ B♭ E♭

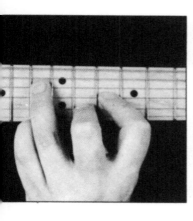

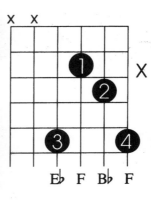

X X

X

E♭ F B♭ F

Bb6

X

1				
	3	3	3	3

Bb F Bb D G

III

1	1	1	1
3			
4			

Bb D F Bb D G

Bb

X   X

V

2		1		3
			4	

Bb   G D F

X

VI

1				1
		2		
3			4	

Bb F   D G Bb

B♭6/9

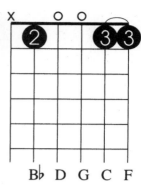

x o o

2   3 3

B♭ D G C F

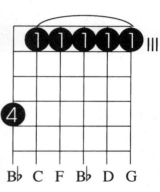

1 1 1 1 1   III

4

B♭ C F B♭ D G

B♭

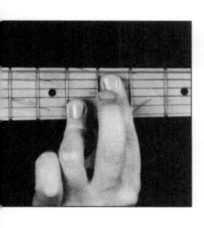

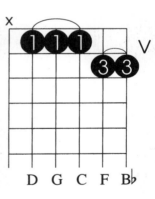

x

1 1 1   3 3   V

D G C F B♭

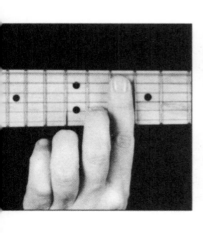

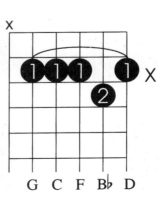

x

1 1 1   1   X

2

G C F B♭ D

B♭maj7

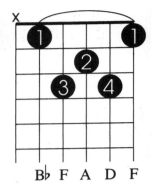

B♭ F A D F

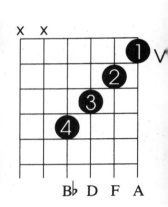

V

B♭ D F A

B♭

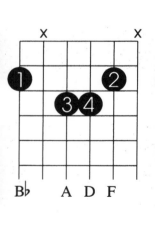

V

B♭ A D F

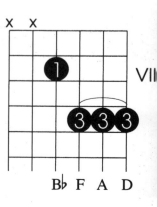

VII

B♭ F A D

B♭maj9

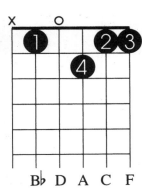

X   O

1   2 3
4

B♭ D A C F

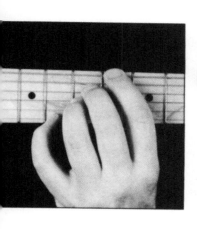

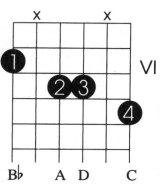

X   X

1
2 3
4

VI

B♭   A D   C

B♭maj13

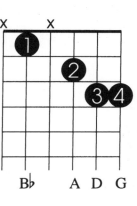

X   X

1
2
3 4

B♭   A D G

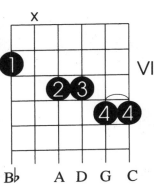

X

1
2 3
4 4

VI

B♭ A D G C

B♭m

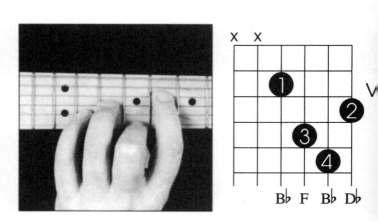

X   X
①
② ③
④

D♭ F B♭ D♭

X X
①   III
④ ④ ④

F D♭ F B♭

①   ① ① ①
③ ④

B♭ F B♭ D♭ F B♭

X X
①   V
②
③
④

B♭ F B♭ D♭

222

B♭m

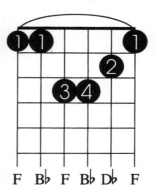

F B♭ F B♭ D♭ F

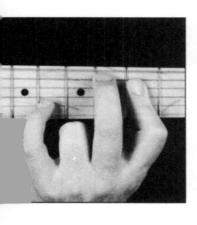

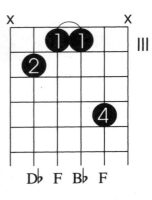

III

D♭ F B♭ F

B♭

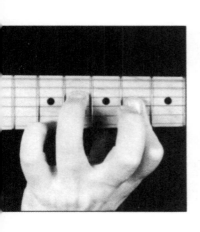

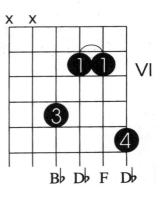

VI

B♭ D♭ F D♭

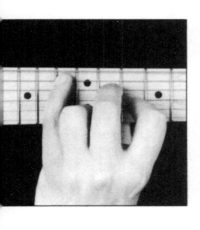

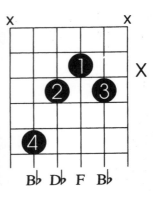

X

B♭ D♭ F B♭

223

B♭m6

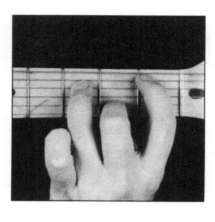

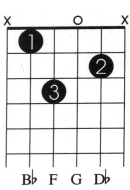

B♭ F G D♭

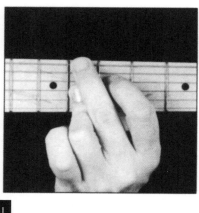

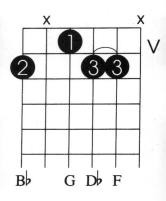

B♭ G D♭ F

B♭

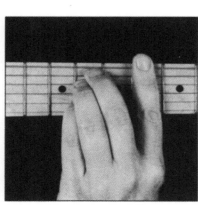

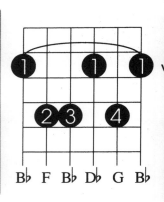

B♭ F B♭ D♭ G B♭

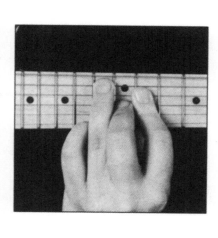

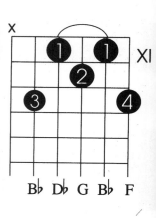

B♭ D♭ G B♭ F

224

Bbm7

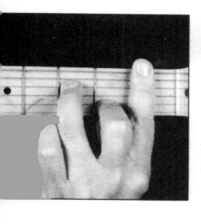

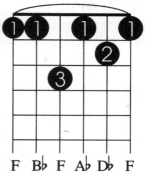

F Bb F Ab Db F

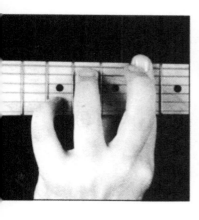

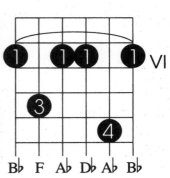

VI

Bb F Ab Db Ab Bb

Bb

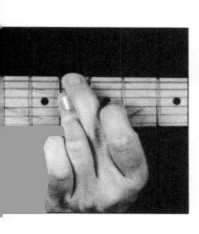

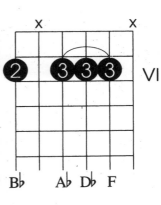

VI

Bb Ab Db F

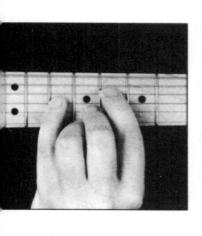

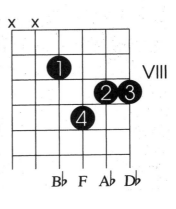

VIII

Bb F Ab Db

Bbm(maj7)

Bb F A Db F

X X

VI

Bb F A Db

Bbm9

VI

Bb Ab Db F C

X X

XI

Bb Db Ab C

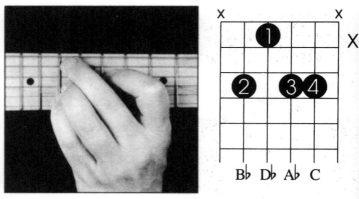

B♭m11

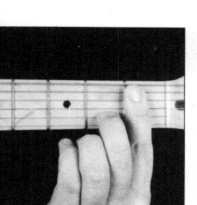

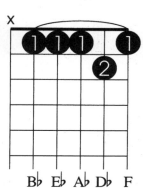

B♭ E♭ A♭ D♭ F

X

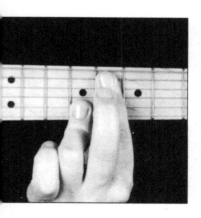

VIII

F B♭ E♭ A♭ D♭

X

B♭m13

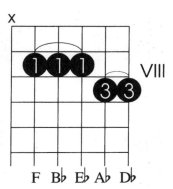

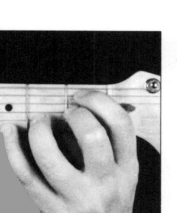

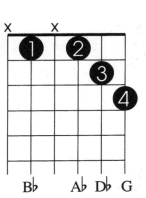

B♭   A♭ D♭ G

X X

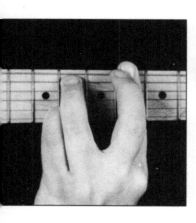

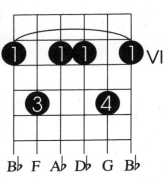

VI

B♭ F A♭ D♭ G B♭

Bbm7b5

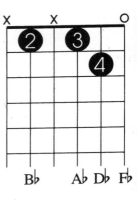

X   X   O

Bb   Ab Db Fb

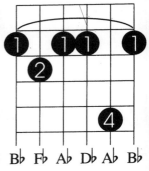

Bb Fb Ab Db Ab Bb

Bb

Bb°7

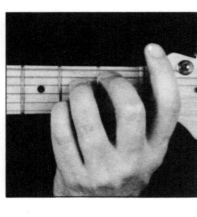

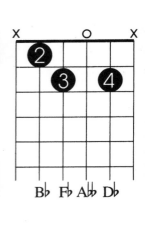

X   O   X

Bb Fb Abb Db

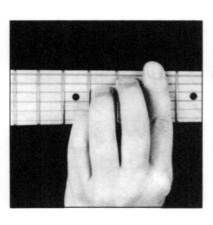

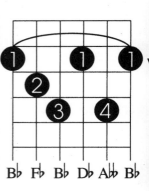

Bb Fb Bb Db Abb Bb

228

B♭7

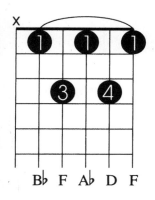

B♭ F A♭ D F

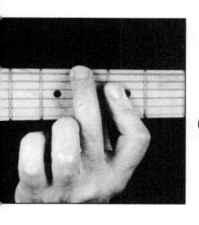

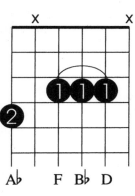

A♭ F B♭ D

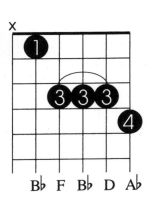

B♭ F B♭ D A♭

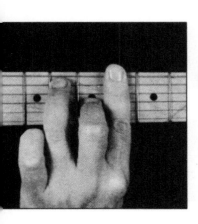

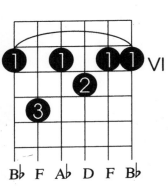

VI

B♭ F A♭ D F B♭

Bb7

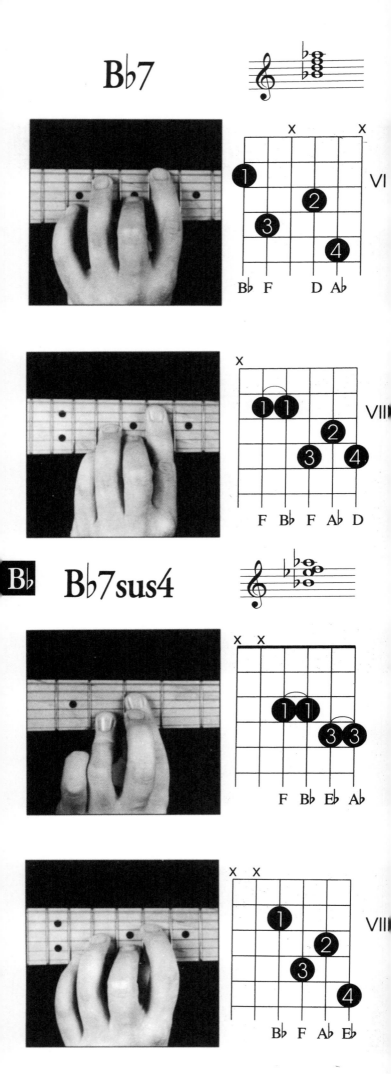

Bb7sus4

Bb7b5

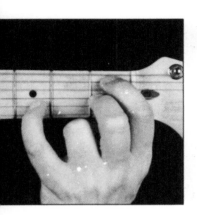

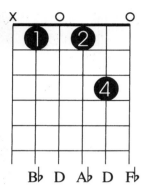

Bb D Ab D Fb

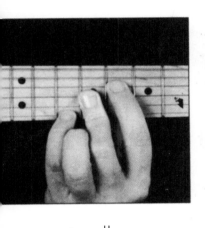

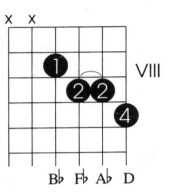

VIII

Bb Fb Ab D

Bb7#5

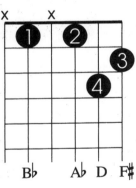

Bb Ab D F#

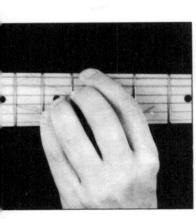

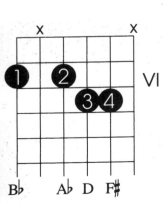

VI

Bb Ab D F#

B♭9

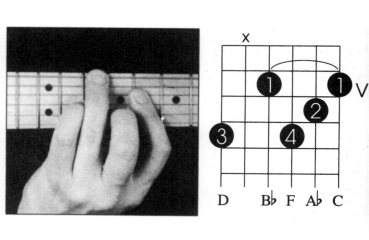

Bb9sus4

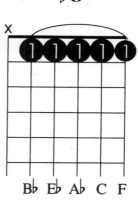

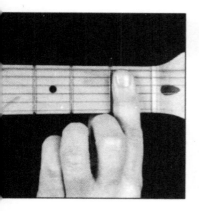

Bb Eb Ab C F

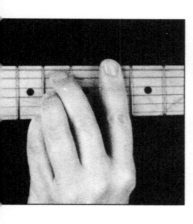

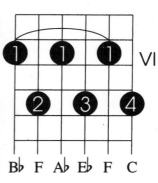

Bb F Ab Eb F C — VI

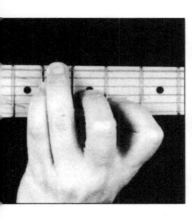

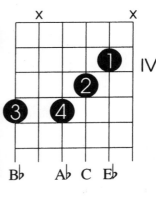

Bb Ab C Eb — IV

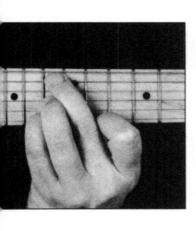

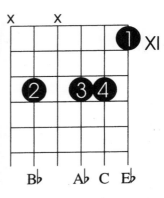

Bb Ab C Eb — XI

Bb9b5

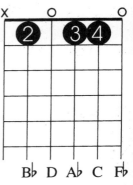

Bb D Ab C Fb

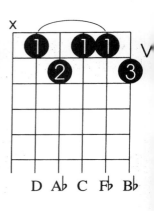

D Ab C Fb Bb

 # Bb9#5

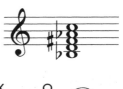

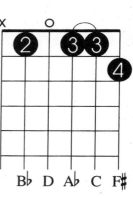

Bb D Ab C F#

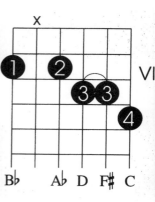

Bb Ab D F# C

Bb13

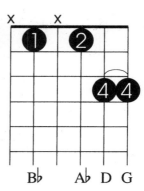

x   x

Bb   Ab D G

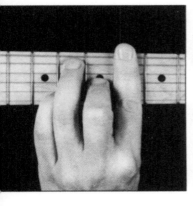
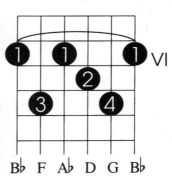

VI

Bb F Ab D G Bb

Bb

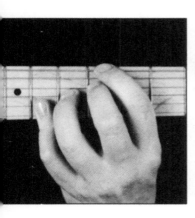
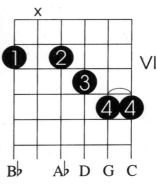

x

VI

Bb   Ab D G C

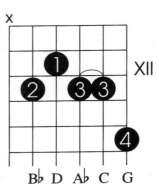

x

XII

Bb D Ab C G

B

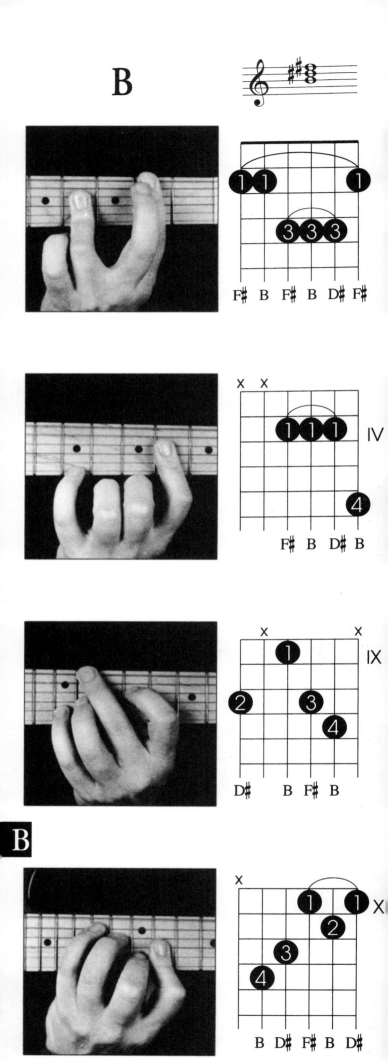

F# B F# B D# F#

IV   F# B D# B

IX   D# B F# B

B

X   B D# F# B D#

B

IV

B D# F# B D#

VII

B F# B D# F# B

IX

F# B F# B D#

B

XI

F# B D# F#

Bsus4

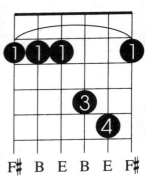

F# B E B E F#

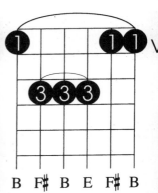

B F# B E F# B

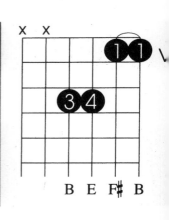

B E F# B

B

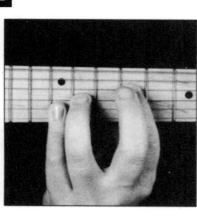

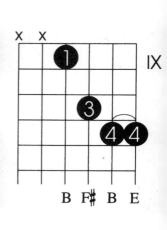

B F# B E

B6

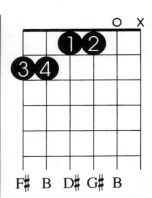

F# B D# G# B

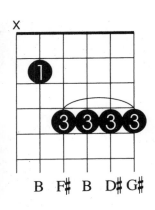

B F# B D# G#

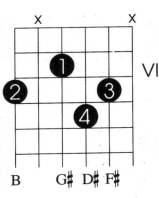

VI

B G# D# F#

B

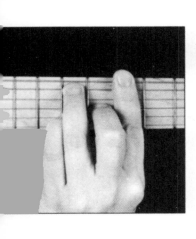

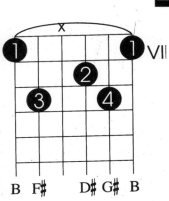

VII

B F# D# G# B

239

B6/9

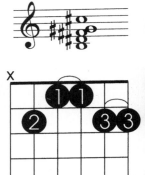

B D# G# C# F#

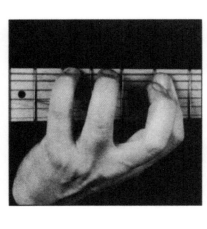

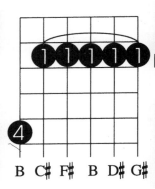

B C# F# B D# G#

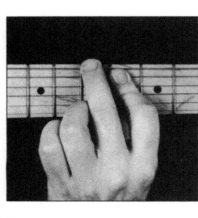

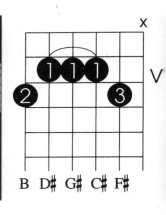

B D# G# C# F#

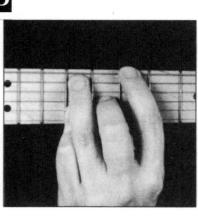

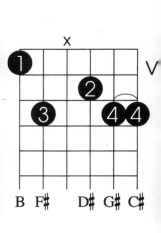

B F# D# G# C#

Bmaj7

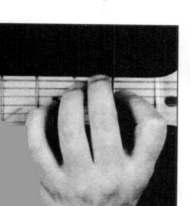

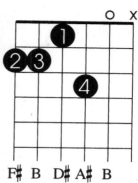

F♯ B D♯ A♯ B

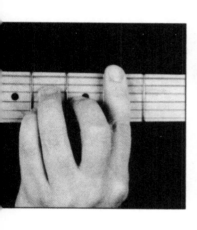

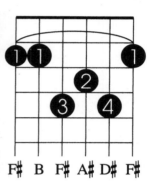

F♯ B F♯ A♯ D♯ F♯

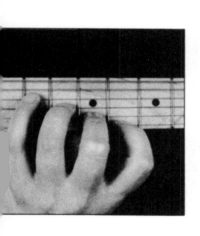

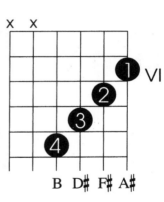

VI

B D♯ F♯ A♯

B

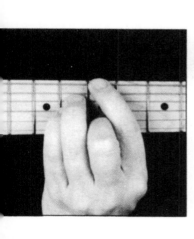

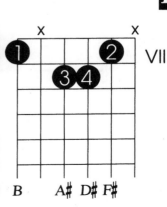

VII

B A♯ D♯ F♯

241

Bmaj9

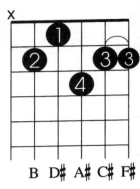

B D# A# C# F#

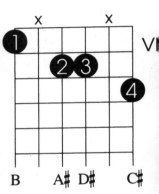

VI

B   A# D#   C#

Bmaj13

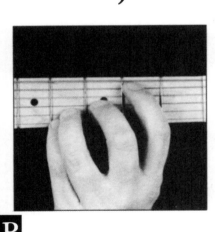

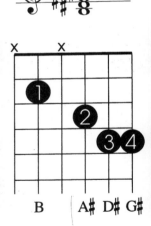

B   A# D# G#

B

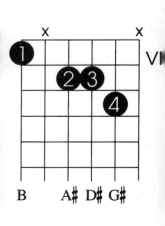

VI

B   A# D# G#

242

Bm

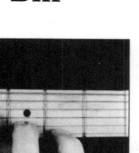

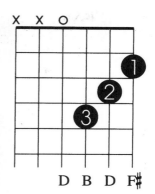

X X O

D B D F#

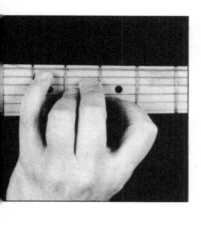

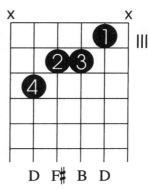

X   X   III

D F# B D

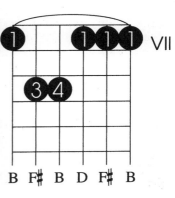

VII

B F# B D F# B

B

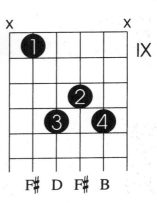

X   X   IX

F# D F# B

243

Bm

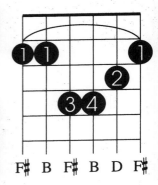

F# B F# B D F#

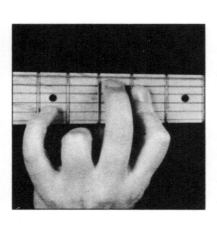
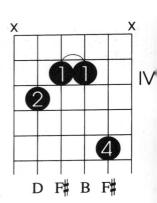

IV

D F# B F#

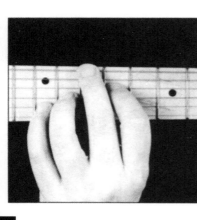
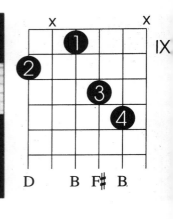

IX

D B F# B

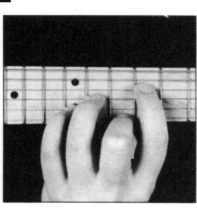
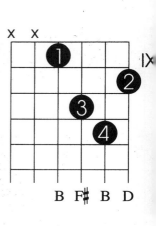

IX

B F# B D

Bm6

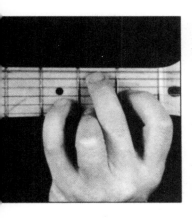

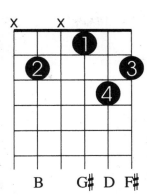

X   X

B   G#   D   F#

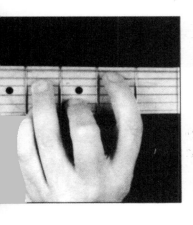

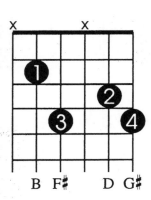

X   X

B   F#   D   G#

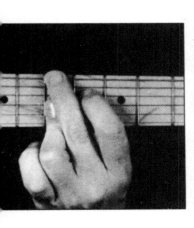

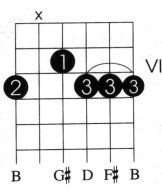

X

VI

B   G#   D   F#   B

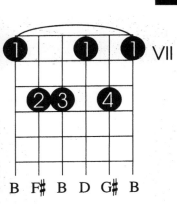

VII

B   F#   B   D   G#   B

Bm7

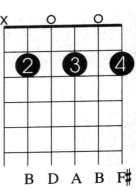

B D A B F#

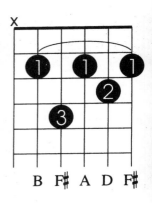

B F# A D F#

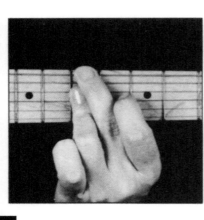

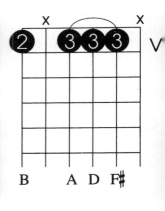

B A D F#

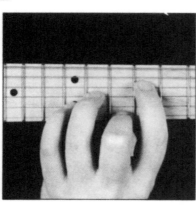

B F# A D A B

Bm(maj7)

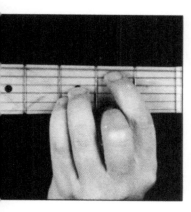

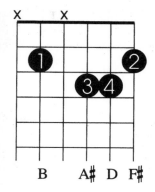

X   X

B   A#   D   F#

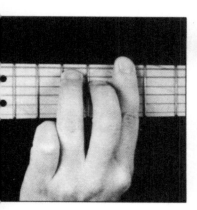

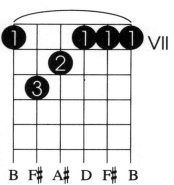

VII

B   F#   A#   D   F#   B

Bm9

X   O

B   D   A   C#   F#

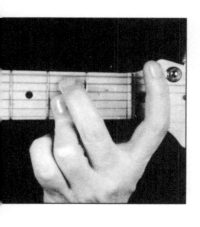

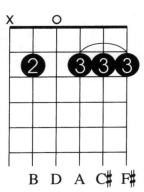

X

VII

B   A   D   F#   C#

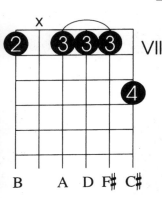

B

Bm11

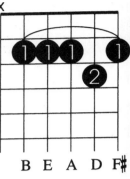

B E A D F#

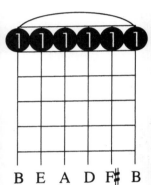

B E A D F# B

Bm13

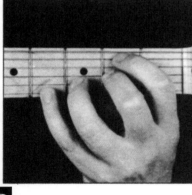

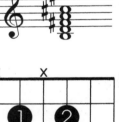

B A D G#

B

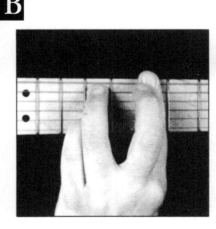

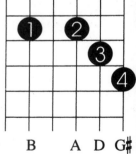

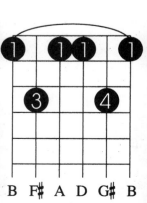

B F# A D G# B

248

Bm7♭5

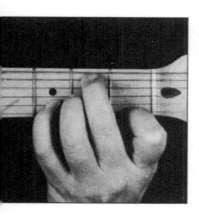

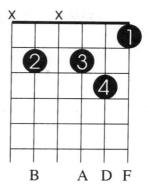

B   A D F

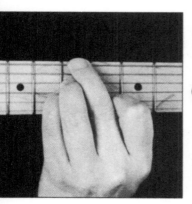

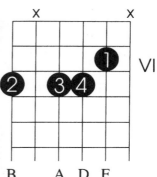

VI

B   A D F

B°7

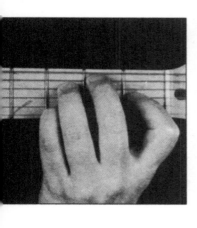

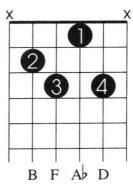

B F A♭ D

B

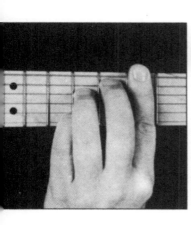

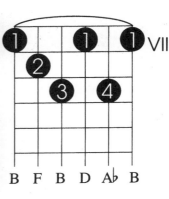

VII

B F B D A♭ B

B7

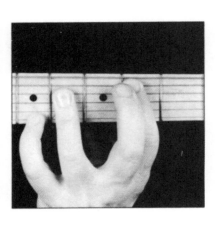

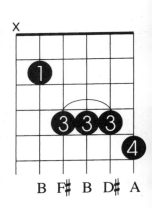

F# B D# A B F#

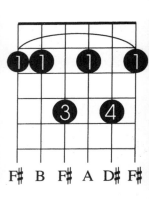

B F# B D# A

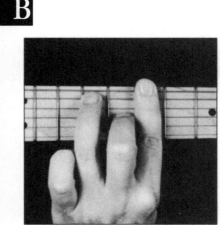

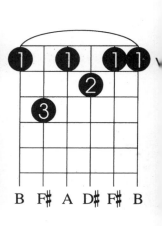

F# B F# A D# F#

B F# A D# F# B

B7

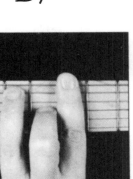

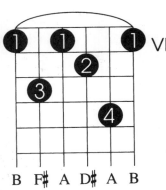

B F# A D# A B

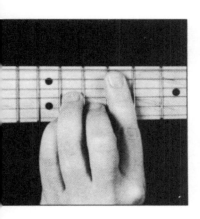
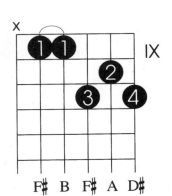

x ... IX

F# B F# A D#

B7sus4

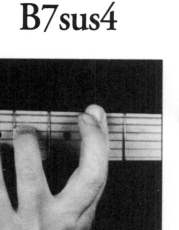

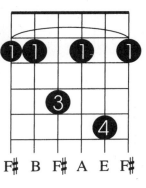

F# B F# A E F#

B

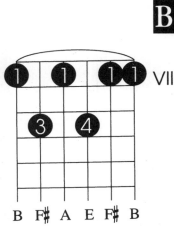

VII

B F# A E F# B

B7♭5

x   x

① — ①
②
④

B F A D♯

x x

① ②
③ ④

V

B F A D♯

B7♯5

x   ·   O

①
② ③
④

B D♯ A B F𝄪

B

x   x

① ②
③ ④

V

B   A D♯ F𝄪

252

B9

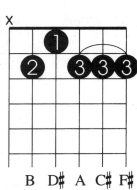

B D# A C# F#

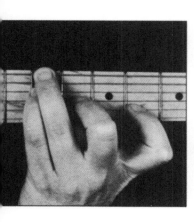

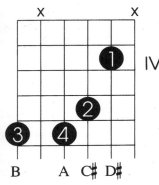

IV

B A C# D#

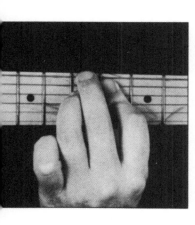

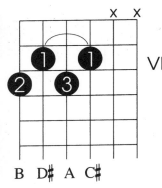

VI

B D# A C#

B

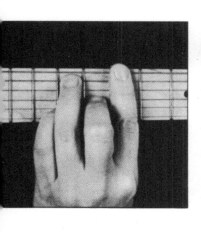

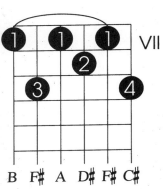

VII

B F# A D# F# C#

253

B9sus4

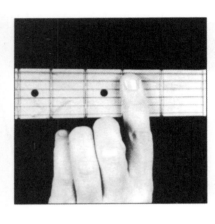

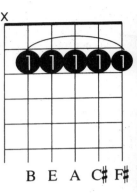

B E A C# F#

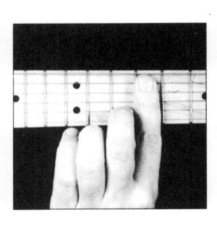

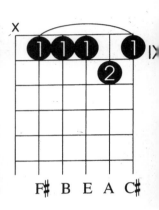

F# B E A C#

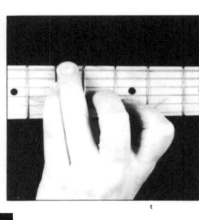

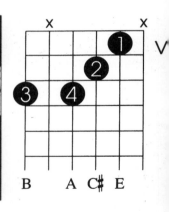

B A C# E

B

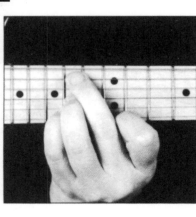

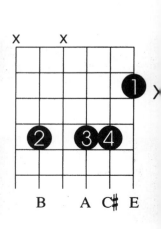

B A C# E

254

B9♭5

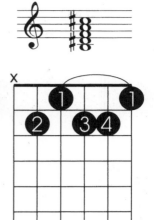

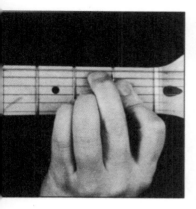

B D♯ A C♯ F

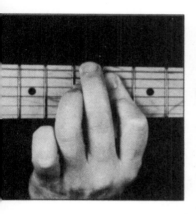

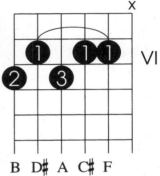

VI

B D♯ A C♯ F

B9♯5

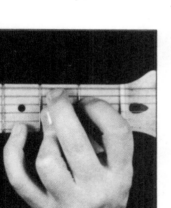

B D♯ A C♯ F✕

B

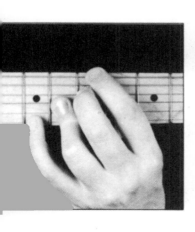

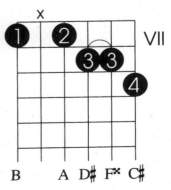

VII

B A D♯ F✕ C♯

B13

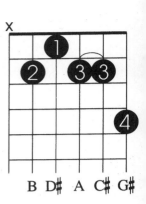

B D# A C# G#

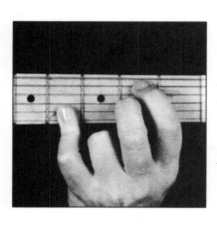

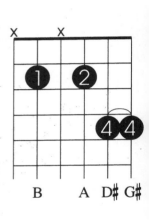

B A D# G#

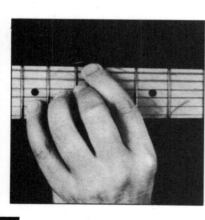

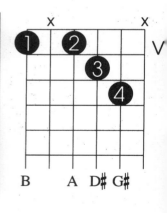

B A D# G#

B

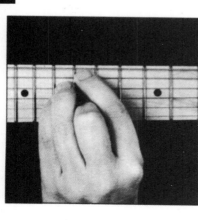

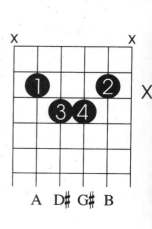

A D# G# B